타노시이
일본어 회화

단계

프리토킹

타노시이 일본어 회화 3단계-프리토킹

지은이 **이나가와 유우키**
감　수 **고마츠 나나**
펴낸이 **안용백**
펴낸곳 **(주)넥서스**

초판 1쇄 인쇄 2012년 5월 25일
초판 1쇄 발행 2012년 5월 30일

출판신고 1992년 4월 3일 제311-2002-2호
121-840 서울시 마포구 서교동 394-2
Tel (02)330-5500 Fax (02)330-5555

ISBN   978-89-5994-379-1   14730
　　　978-89-5797-924-2(세트)

저자와 출판사의 허락 없이 내용의 일부를
인용하거나 발췌하는 것을 금합니다.

가격은 뒤표지에 있습니다.
잘못 만들어진 책은 구입처에서 바꾸어 드립니다.

www.nexusbook.com
넥서스Japanese는 (주)넥서스의 일본어 전문 브랜드입니다.

3 단계

프리토킹

이나가와 유우키 지음 · 코마츠 나나 감수

네이티브처럼 생각하고 말하는

타노시이
일본어 회화

넥서스 JAPANESE

前書き

　ネクサス「タノシイ日本語会話」を手に取ってくださった皆さん、こんにちは！この本は3巻構成の「タノシイ日本語会話」シリーズの最終巻にあたります。1巻と2巻では主に場面や状況に合わせた日本語を学んできましたが、この本ではテーマごとにそれぞれの意見を楽しく話し合うことが目的となっています。全部で30のテーマから構成されており、各テーマは皆さんの日常生活に密接な関係があるもの、社会的に大きなイシューになっているもの、それから気軽にわいわい盛り上がれるものを中心に選定しました。

　特に韓国では授業は先生が主導するものという傾向が強いですが、会話授業においては学習者の皆さんが主人公です。特にフリートーキング形式の授業においては、皆さんが積極的に自分の意見を述べることが、楽しく学習するためのカギとなります。話が盛り上がってしまって先生が収集に困るぐらいの授業が望ましいのです。

　だからといって、突然ある問題について外国語で自分の意見を述べろと言われても困るという人もいると思います。そのためこの本には本格的なフリートーキングに入る前に、自分の意見を振り返り、まとめるための準備段階（コラムと会話文）が用意されています。準備段階を踏むことによって、自分の予備知識を活性化させることができ、自分も何か一言いってみたいという気持ちになれるはずです。

　もちろん模範解答などと言うものは最初から設定してありません。すっきりと意見がまとまるまえに時間が来てしまい、まだまだ話し足りないと思うこともあるでしょう。でも、それでいいのだと思います。日本語で自分の考えを述べたいという心が芽生えること、つまり「日本語を学ぶ」ことから「日本語で学ぶ」段階への成長を助けることこそ、この教科書の一番のねらいだからです。

　どうかこの教科書を活用して、日本語で楽しく話し合ってください。

著者　稲川右樹

머리말

넥서스「타노시이 일본어 회화」를 선택해 주신 여러분, 안녕하세요! 이 책은 3권으로 구성된「타노시이 일본어회화」시리즈의 마지막 책입니다. 1단계과 2단계에서는 주로 장면과 상황에 맞춘 일본어를 배웠습니다만, 이 책에서는 테마에 대한 의견을 즐겁게 서로 이야기하는 것이 목적입니다. 전체 30가지 테마로 구성되어 있고, 각 테마는 여러분의 일상생활에 밀접한 관계가 있는 것, 사회적으로 큰 이슈가 되는 것, 그리고 가벼운 마음으로 이야기 나누어 볼 수 있는 소재를 중심으로 선정했습니다.

특히 한국에서는 수업은 선생님이 주도하는 것이라는 인식이 강하지만, 회화 수업에서는 학습자 모두가 주인공입니다. 특히 프리토킹 형식 수업에서는 여러분이 적극적으로 자기 의견을 말하는 것이 즐거운 학습을 할 수 있는 열쇠가 됩니다. 이야기가 너무 왕성하게 이루어져서 선생님이 요점 정리하기 곤란할 정도로 수업이 진행되길 바랍니다.

그렇기는 해도 갑자기 어떤 질문에 대해 외국어로 자신의 의견을 말해 보라고 하면 막막하다고 하는 사람도 있으리라 생각합니다. 그렇기 때문에 이 책에는 본견적인 프리토킹에 들어가기 전에 자기 의견을 생각하고 정리하기 위한 준비 단계(컬럼과 회화문)가 준비되어 있습니다. 준비 단계를 거침으로써 자신의 사전 지식을 활성화시킬 수 있고, 스스로 무언가 한마디 해 보고 싶다는 기분이 들 것입니다.

물론 모법 해답이라는 것은 처음부터 설정되어 있지 않습니다. 완전히 의견을 정리하기 전에 시간이 되어서, 뭔가 말로 하기엔 부족하다고 생각할 수도 있을 겁니다. 그렇지만 그것으로 충분하다고 생각합니다. 일본어로 자기 생각을 표현해 보고 싶다는 마음이 생기는 것, 즉「일본어를 배운다」에서「일본어로 배운다」는 단계로 성장하는 것을 돕는 것이야말로 이 교재의 가장 중요한 목표이기 때문입니다.

아무쪼록 이 교재를 십분 활용하여 일본어로 즐거운 대화를 나누어 주세요.

저자 야나가와 유우키

책의 구성

この本は30のテーマから構成されています。順序どおりに進む必要は全くありません。そのクラスの性別や年齢層、そして雰囲気によって楽しく話し合えそうなテーマを自由に選択してください。

이 책은 30가지 테마로 구성되어 있습니다. 순서대로 진행할 필요는 전혀 없습니다. 그 클래스의 성별과 연령층, 그리고 분위기에 따라 즐겁게 대화 나눌 수 있도록 테마를 자유롭게 선택해 주세요.

1. テーマ

各課のテーマとそれにあったタイトルが提示されます。

테마

각 과의 테마와 그에 해당하는 타이틀을 제시하였습니다.

2. コラム&単語

各課のテーマについての簡単なコラムがあります。本格的なフリートーキングに入る前にテーマについての予備知識を得ることができます。また、各課のフリートーキングにおいて知っておくとよいと思われる単語が提示してあります。

컬럼과 단어

각 과의 테마에 대한 단어와 컬럼이 있습니다. 본격적인 프리토킹에 들어가기 전에 테마에 대한 사전 지식을 습득할 수 있습니다. 또 각 과의 프리토킹을 할 때 알아 두면 좋을 단어를 제시하였습니다.

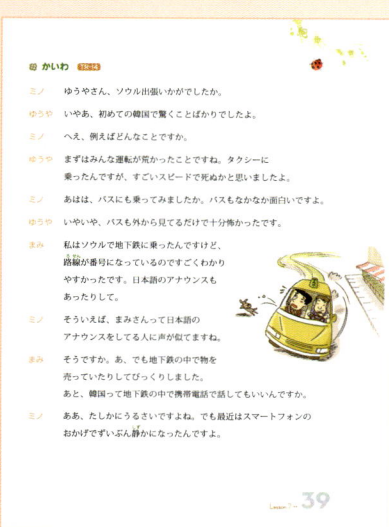

3. 会話

テーマについて、登場人物たちが話し合っている会話文があります。これは後ほど自分たちがするフリートーキングを前もって体験する役割をします。実際登場人物たちが意見交換をしているのを見て、自分ならどう答えるか、自分の意見は誰に近いか考えてみてください。

회화

테마에 대해서 등장인물들이 대화하는 회화문이 있습니다. 이것은 뒤에 여러분들이 하게 될 프리토킹을 사전에 체험하는 역할을 합니다. 실제 등장인물들의 대화를 보면서, 자신이라면 어떻게 대답할지, 자신의 의견은 어느쪽에 가까운지를 생각해 보세요.

4. フリートーキング

いくつかの質問で構成されている、各課の目玉となる部分です。コラムや会話文を通じて活性化された自分の意見を自由に発表してください。

프리토킹

몇 가지 질문으로 구성되어 있는 각 과의 중심 부분입니다. 컬럼과 회화문을 통해서 활성화된 자신의 의견을 자유롭게 발표해 주세요.

테마 선택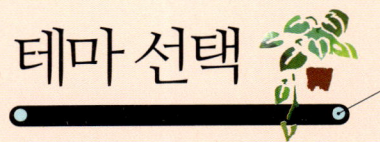

「こんなクラスにはこのテーマ！」

- ○＝オススメ
- △＝難しい場合あり
- 表示がない部分は「無難」という意味

*これはあくまでも目安であり、実際のクラスの状況を見てテーマを選定してください。

Lesson	テーマ	色んな年齢層がいるクラス	学生中心のクラス	社会人中心のクラス	女性が多いクラス
1	日本語と私				
2	都会と田舎	○		○	
3	方言	○		○	
4	けんか		○		△
5	お酒	○		○	
6	趣味	○			
7	交通問題		△	○	
8	ジェネレーションギャップ	○			○
9	テレビの思い出	○			
10	子どもの頃の遊び	○	△		
11	第一印象	△			
12	映画				

Lesson	テーマ	色んな年齢層がいるクラス	学生中心のクラス	社会人中心のクラス	女性が多いクラス
13	発明			○	
14	スポーツ				△
15	ファッション				○
16	住まい		△	○	
16	サービス				○
18	季節や天気				
19	怖い話			△	
20	占い・迷信			△	○
21	友情と愛情				○
22	インターネット				
23	高齢化社会	○	△		
24	理想の職業		○	△	
25	少子化問題	○	△		
26	無人島ゲーム				
27	災害				△
28	個人主義の時代				
29	流行		○		○
30	ディスカッション				

목차

LESSON 1 日本語に出会えてよかった！ 13
テーマ 日本語と私

LESSON 2 おら、こんな村いやだ!? 17
テーマ 都会と田舎

LESSON 3 方言話者はバイリンガル？ 21
テーマ 方言

LESSON 4 けんかするほど仲がいい？ 25
テーマ けんか

LESSON 5 お酒と正しく付き合おう！ 29
テーマ お酒

LESSON 6 悪趣味は無趣味にまさる。 33
テーマ 趣味

LESSON 7 右見て左見て…。 37
テーマ 交通問題

LESSON 8 親の心子知らず、子の心親知らず 41
テーマ ジェネレーションギャップ

LESSON 9 この番組は、ごらんのスポンサーの提供でお送りします。 45
テーマ テレビの思い出

LESSON 10 遊びをせんとや生まれけん 49
テーマ 子供の頃の遊び

LESSON 11 人は見かけによらない？ 53
テーマ 第一印象

LESSON 12 なんて素敵なキネマパラダイス 57
テーマ 映画

LESSON 13 １％のひらめきと…。 61
テーマ 発明

LESSON 14 君の涙より汗は美しい！ 65
テーマ スポーツ

LESSON 15	ファッションリーダー		69
	テーマ ファッション		
LESSON 16	狭いながらも楽しい我が家		73
	テーマ 住まい		
LESSON 17	お客様は神様です？		77
	テーマ サービス		
LESSON 18	春はあけぼの、夏は夜、秋は夕暮れ、冬はつとめて		81
	テーマ 季節や天気		
LESSON 19	ほら、あなたの後ろに…。		85
	テーマ 怖い話		
LESSON 20	だまって座ればピタリと当たる！		89
	テーマ 占い・迷信		
LESSON 21	友達か恋人か、それが問題だ。		93
	テーマ 友情と愛情		
LESSON 22	あなたのハートをダブルクリック！		97
	テーマ インターネット		
LESSON 23	年は数字に過ぎない？		101
	テーマ 高齢化社会		
LESSON 24	職業に貴賎なし!?		105
	テーマ 理想の職業		
LESSON 25	子供は宝？それともお荷物？		109
	テーマ 少子化問題		
LESSON 26	無人島で生きのびよう！		113
	テーマ 無人島ゲーム		
LESSON 27	忘れた頃にやってくる天災		117
	テーマ 災害		
LESSON 28	親しき仲にもプライバシーあり。		121
	テーマ 個人主義の時代		
LESSON 29	ナウなヤングは超イケメン		125
	テーマ 流行		
LESSON 30	みなさんの意見を聞かせてください！		129
	テーマ ディスカッションテーマ		

LESSON 1

日本語に出会えてよかった！

テーマ　日本語と私

日本語に出会えてよかった！

コラム TR-01

　統計によると、現在世界で（外国語として）日本語を学んでいる人口は約300万人、そのうち33％にあたる約100万人を韓国人が占めているそうです。国別に見ると、韓国人は世界で最も日本語を学んでいる国民ということになります。特に人口の面では何十倍も多い中国よりも学習者の数が多いというのは驚きです。実際みなさんの周りにも日本語が上手な知人・友人が何人かいるのではないでしょうか。

　では、どうして韓国ではこれほど多くの人が日本語を勉強しているのでしょうか。みなさんが日本語を勉強しようとしたきっかけは何ですか。また、日本語がもっともっと上手くなるために何か努力をしていますか。今日は皆さんにとってとても身近な話題であるみなさんと日本語の関係について話してみましょう。

語学 ごがく 어학	翻訳 ほんやく 번역	アイドル 아이돌
文法 ぶんぽう 문법	通訳 つうやく 통역	アニメ 애니메이션
語彙 ごい 어휘	塾 じゅく 학원	オタク 어떤 일에 유난히 집착하는 사람, 오타쿠
発音 はつおん 발음	きっかけ 계기	ファン 팬
アクセント 액센트	秘訣 ひけつ 비결	第２外国語 だいにがいこくご 제2외국어
イントネーション 인토네이션	勉強法 べんきょうほう 공부법	
聴解 ちょうかい 청해	暗記 あんき 암기	
読解 どっかい 독해	応用 おうよう 응용	

かいわ　TR-02

たけし　ねえ、ミナちゃんはどうして日本語を勉強しようと思ったの？

ミナ　　うーん、きっかけは日本アイドルのイナズマキッズのファンになったことかな。最初のころは意味もわからずに歌を聞いていたんだけど、そのうち、歌ってる内容とか、テレビで話していることとかが知りたくなったんだ。

たけし　へえ、でもすごいよね。もう完璧じゃん。
　　　　黙ってたらだれも韓国人って気づかないんじゃない？

ミナ　　ええっ、そんなことないよ。勉強すればするほど日本語って奥が深いなって毎日実感してるんだよ。

たけし　でも日本語と韓国語は文法が似てて、韓国人にとってはすごく勉強しやすいって聞いたことあるけど。

ミナ　　まあ、そういう部分も無きにしもあらずだけど、微妙な違いがいろいろあって、結構大変なんだよ。

たけし　「無きにしもあらず」なんて僕にも難しい表現だよ。
　　　　やっぱりミナちゃんってすごいなあ。

フリートーキング

Talking ❶
일본어를 배우게 된 계기는 무엇입니까?

あなたが日本語を勉強しようと思ったきっかけは何ですか。

Talking ❷
자신이 일본어를 어느 정도 할 수 있는지 다음 표에 체크해 보세요.

自分はどれぐらい日本語ができるか、下の表にチェックしてみましょう。

	ネイティブ並み	上手い	まあまあ	苦手	全然だめ
文法					
語彙					
表現力					
発音					
読解力					
聴解力					
漢字					
作文					

Talking ❸
위 표의 결과를 보고 앞으로 어떤 공부를 하면 좋겠다고 생각하세요?

上の表の結果を見て、これからどんな勉強をすればいいと思いますか。

Talking ❹
당신 지인 중에서 일본어를 가장 잘하는 사람 얘기를 해 주세요.

あなたの知っている人の中で日本語が一番上手い人の話をしてください。

LESSON 2

おら、こんな村いやだ!?

テーマ 都会と田舎

おら、こんな村いやだ!?

🌸 **コラム** TR-03

　突然ですが、皆さんが今住んでいるところは都会ですか、それとも田舎ですか。そもそも都会と田舎って何が違うんでしょうか。ビルがたくさんあれば都会、自然に囲まれていれば田舎なのでしょうか。

　日本も韓国もかつては農業国家でしたので、都会に住む人より田舎に住む人の数の方がずっと多かったのですが、今ではどうやらそれが逆転してしまったようです。例えば、韓国人の中でソウルを含む首都圏に住んでいる人は全人口の約半分、それに釜山（プサン）や光州（クヮンジュ）などの地方の大都会に住んでいる人も考えれば、都会に住んでいる人の方が圧倒的に多いということになります。日本もそのへんの状況は似ています。

　つまり、田舎に住んでいた人が都会に移動したということです。それには何か理由があったはずですが、それは何なのでしょうか。

　また、最近は全く逆の現象も起きています。田舎に住みたがる都会の人が増えているというのです。彼らは田舎暮らしのどんな部分に魅力を感じるのでしょうか。

ノート

都市 とし 도시	地価 ちか 지가, 땅값	田舎者 いなかもの 시골 사람
都会 とかい 도회지	方言 ほうげん 방언	個人主義 こじんしゅぎ 개인주의
田舎 いなか 시골	近所付き合い きんじょづきあい 이웃 왕래	集合住宅 しゅうごうじゅうたく 집합 주택
地方 ちほう 지방	交通 こうつう 교통	一戸建 いっこだて 단독 주택
過疎 かそ 과소	文化施設 ぶんかしせつ 문화 시설	余裕 よゆう 여유
過密 かみつ 과밀	ダサい 촌스럽다	目まぐるしい めまぐるしい 어지럽다

かいわ　TR-04

ミナ　　これ、たけし君のふるさとの写真？

たけし　うん、そうだよ。

ミナ　　わあ、海みたいに大きな湖だね。すごく空気がよさそう。
　　　　こんなところに住んでみたいな。

たけし　そう？僕は東京のほうがいいな。映画館だって、カラオケだって
　　　　行こうと思えばすぐ行けるしさ。

ミナ　　ここはそうじゃないの？

たけし　僕の家は町からちょっと離れてるから、映画を見ようと思ったら車で
　　　　30分は行かなくちゃいけないんだよ。そのあとカラオケに行こうと
　　　　したら、また車で20分。

ミナ　　へえ、でもこんな広々した風景を毎日見て暮らせるなんて素敵だと
　　　　思うけど。

たけし　ミナちゃんはソウル生まれだからそう思うかもね。でも、田舎も
　　　　いろいろ大変なんだよ。近所づきあいとか、地域の行事とか…。

ミナ　　そう？私は生まれてからずっとマンションで住んできたから、
　　　　近所づきあいとかちょっと憧れちゃうな。

フリートーキング

Talking ❶
도시와 시골의 장점과 단점을 각각 생각해 보세요.

都市と田舎の長所と短所をそれぞれ考えてみましょう。

	都会	田舎
長所		
短所		

Talking ❷
당신이 태어난 곳은 도시입니까 아니면 시골입니까?

あなたの生まれたところは都市ですか、それとも田舎ですか。

Talking ❸
도시 사람과 시골 사람은 사고방식과 행동에 차이가 있다고 생각합니까?

都市の人と田舎の人は考え方や行動に違いがあると思いますか。

Talking ❹
장래에 도시와 시골 중 어디에서 살고 싶습니까? 이유는 무엇입니까?

将来、都市と田舎のどちらに住みたいですか。理由は何ですか。

LESSON 3

方言話者はバイリンガル？

テーマ 方言

方言話者はバイリンガル？

🏵 **コラム**　TR-05

　一般的に、歴史が長く地形が複雑な国ほど多くの方言がある傾向がありますが、日本や韓国もそのような国だと言えるでしょう。

　辞書を見ると「方言」とは「共通語・標準語に対してある地方・地域で用いられる特有の言葉」とあります。しかし、ある言葉が方言なのかそれとも別の言語なのかは非常に難しい問題です。例えばデンマーク語とスウェーデン語は別の言語ということになっていますが、おたがいコミュニケーションをするのにあまり問題はないそうです。一方、同じ日本語でも東北地方の人と九州の人では何を言っているのか全くわからないこともあります。そういう意味では方言を話せる人は、標準語の他にもう一つの言語ができるバイリンガルと言えるのかもしれません。

　ところが20世紀に入ってから、特に若者の間で方言が使われなくなっているようです。たとえば独特の方言があることで知られる名古屋では若者の半数以上が「名古屋弁を話せない」といいます。このような現象はどうして起きているのでしょうか。そして、それは日本語や韓国語の未来のためにいいことなのでしょうか。

　今日は方言について考えてみましょう。

方言ほうげん 방언	訛なまり 사투리, 지역 특유의 억양	伝統でんとう 전통
標準語ひょうじゅんご 표준어	集団しゅうだん 집단	境界きょうかい 경계
〜弁べん 〜 사투리	コンプレックス 콤플렉스	差別さべつ 차별
バイリンガル 바이링걸(2개 언어를 표준어처럼 쓸 수 있는 사람)	守まもる 지키다	地域ちいき 지역
	見直みなおす 다시 보다	

22

かいわ TR-06

まみ　　うん、わかっとるが。ほいじゃまた電話するでね。バイバイ。

ミノ　　あの…マミさん。今の言葉…。

まみ　　あ、やだ。聞かれちゃいました？実家からの電話だとつい…。

ミノ　　へえ…。何だか普段と全然イメージが違って、
　　　　何というか…可愛かったですよ。

まみ　　ええっ、そうですか。でもやっぱり恥ずかしいですよ。

ミノ　　普段も方言で話せばいいのに。

まみ　　でも、職場でそうするわけにはいかないでしょ。

ミノ　　そうかなあ。こないだ京都に出張した時、向こうの部長さんとか
　　　　すごく訛ってて何話してるかわかりませんでしたよ。

まみ　　ああ、関西は関西弁に誇りを持ってる人が多いですから、あんまり
　　　　直さないですよね。ところで韓国にも方言ってあるんですか。

フリートーキング

Talking ❶

당신이 쓰는 사투리가 있습니까?

あなたには方言がありますか。

- はい　→　どんな方言ですか。
　　　　　その方言が好きですか。
- いいえ　→　知っている方言がありますか。
　　　　　　方言を話している人をどう思いますか。

Talking ❷

일본어 사투리 중에서 무언가 아는 말 있습니까?

日本語の方言の中で何か知っている言葉がありますか。

Talking ❸

일본 젊은이들은 사투리를 별로 사용하지 않는데, 그 이유는 무엇이라고 생각합니까?

日本の若い人の間ではあまり方言が使われなくなっていますが、それはどうしてだと思いますか。

Talking ❹

드라마와 영화 등에서 사투리를 사용하는 사람은 어떤 역할이 많습니까? 그것에 대해서 어떻게 생각합니까?

ドラマや映画などで方言を使う人はどんな役が多いですか。それについてどう思いますか。

LESSON 4

けんかするほど仲がいい？

テーマ けんか

けんかするほど仲がいい？

🌼 コラム　TR-07

　人は基本的に自分のために行動する動物ですので、どうしても相手と意見が食い違って、そこからけんかになることがあります。日本には「けんかするほど仲がいい」という言葉もあります。けんかは本音をさらけ出し、より良い人間関係を作るために必要なものだという意味です。確かに、一度けんかをした後に前より仲がよくなったということもあります。でも逆に、いくら仲がよくても、一度のけんかが原因で絶交ということもないわけではありません。けんかは結局は傷つけ合いだという事実は変わりません。夫婦げんかがエスカレートすれば離婚につながりますし、国と国のけんかは戦争に発展してしまいます。どうすればうまく（？）けんかができるのでしょうか。

けんか 싸움	殴なぐる 던지다	夫婦ふうふげんか 부부싸움
争あらそう 싸우다	暴力ぼうりょく 폭력	エスカレート 가열
売うり言葉ことばに買かい言葉 상대의 막말에 맞받아치는 것	いじめ 괴롭힘	手てがつけられない 손이 닿지 않다
紛争ふんそう 분쟁	仲直なかなおり 관계 개선	怒いかり 분노, 화
戦争せんそう 전쟁	手てを出だす 때리다	味方みかた 우리 편, 아군
ムカつく 울컥하다, 화가 치밀다	口くちげんか 말싸움	火種ひだね 불씨
	兄弟きょうだいげんか 형제 싸움	

🍀 かいわ　TR-08

さなえ　ミナちゃん、どうしたの。何か元気ないね。

ミナ　うん、実は昨日お兄ちゃんとけんかしちゃってさ。

さなえ　え、本当？原因は何なの。

ミナ　もとはといえば、私が悪いんだけどね。お兄ちゃんが冷蔵庫にいれておいたプリン勝手に食べちゃったから。

さなえ　え、ミナちゃんのお兄さんってそんなことで怒るの？何か可愛い。

ミナ　それがいつの間にか私の普段の生活態度のことにまで文句言ってきて…あとは売り言葉に買い言葉よ。

さなえ　まあ、けんかするほど仲がいいって言うしね。
でも、早めに仲直りしたほうがいいよ。

ミナ　うん、そうなんだけどね…。あ、お兄ちゃんからメッセージだ。

さなえ　きっと「昨日はひどいこと言ってごめん」とかだよ。

ミナ　ちょっと待って…。え？「やっぱりお前はダイエットしたほうがいい」？もう、絶対に許さない！

さなえ　あらあら…。

Lesson 4

フリートーキング

Talking ❶
최근에 누군가와 싸운 적이 있습니까? 원인은 무엇이었습니까?

最近だれかとけんかをしましたか。何が原因でしたか。

Talking ❷
'싸울 정도로 사이가 좋다'는 말이 있는데, 어떻게 생각하세요?

「けんかするほど仲がいい」という言葉がありますが、どう思いますか。

Talking ❸
다음과 같은 관계에서는 어떤 이유로 싸운다고 생각하세요?

次の人たちはどんなことが原因でけんかになると思いますか。

Talking ❹
싸운 후에 어떤 식으로 화해했나요?

けんかのあとでどのように仲直りをしましたか。

LESSON 5

お酒と正しく付き合おう！

テーマ　お酒

お酒と正しく付き合おう！

🥨 コラム　TR-09

　嬉(うれ)しい時、楽しい時、悲しい時…お酒ほど私たちの人生に密着(みっちゃく)した飲み物もないでしょう。適度(てきど)な飲酒は食べ物を美味(お)いしく感じさせたり、気分をよくしてくれるなど、プラスの効果を私たちにもたらしてくれます。お酒の力を借(か)りて普段なら言えないような心の内(うち)を打ち明けることができたという人もいるのではないでしょうか。

　しかし、お酒のせいで起こるマイナスの効果も忘れてはいけません。アルコール中毒などの健康上(けんこうじょう)の問題はもちろん、酔(よ)っ払(ぱら)って周りの人に迷惑(めいわく)をかけたり、飲めない人に無理に一気飲みをさせたり、時にトラブルを引き起こす原因にもなります。今日はそんなお酒について話しあってみましょう。

アルコール 알코올	ジョッキ 맥주 잔, 조끼	二日酔(ふつかよい) 숙취
焼酎(しょうちゅう) 소주	枝豆(えだまめ) 깍지콩	酔(よ)い覚(さ)まし 술을 깸
日本酒(にほんしゅ) 일본주	するめ 말린 오징어	上戸(じょうご) 술꾼
どぶろく 탁주	酒癖(さけぐせ) 술버릇	下戸(げこ) 술을 못 마시는 사람
生(なま)ビール 생맥주	吐(は)く 토하다	酔(よ)った勢(いきお)い 술김, 취기
マッコリ 막걸리	からむ 휘감기다, 얽히다	熱燗(あつかん) 술을 데움, 데운 술
おつまみ 안주	中毒(ちゅうどく) 중독	

かいわ TR-10

たけし	だから、僕が言いたいのはさあ…。
さなえ	また同じ話…。こいつすっかり酔っ払ってるわ。お酒弱いくせに好きだからねえ。
ミナ	大丈夫かなあ。家(うち)までちゃんと帰れるかな。
さなえ	寝ちゃったらそのへんのベンチにでも放っておけばいいよ。ところでミナちゃんってお酒強いよねえ。そのサワー何杯めなの？
ミナ	日本のサワーってジュースみたいでおいしいから何杯(なんばい)でもいけちゃうの。
さなえ	へえ、韓国の人ってみんなお酒強いって聞いたけどそうなの？
ミナ	そうでもないよ。うちのお兄ちゃんは全然飲めないもん。でも、韓国の会社ではどうしても飲まされるから結構大変だったみたい。
さなえ	そっか、そういえばうちのお兄ちゃんもあんまり飲めないな。何か私たちの周りの男って下戸(げこ)ばっかだね。
ミナ	そうかも！あ、たけし君寝ちゃった…。
さなえ	しょうがないなあ。こうなったら二人で飲み明かそう！
ミナ	かんぱーい！

フリートーキング

Talking ❶
당신과 당신 가족은 술이 셉니까?

あなたやあなたの家族はお酒が強いですか。

- 強い！→　どんなお酒が好きですか。日本のお酒を飲んだことがありますか。
- 弱い！→　お酒が飲める人がうらやましいと思いますか。

Talking ❷
술이 센 사람은 약한 사람에게, 약한 사람은 센 사람에게 각각 어떤 배려를 해야 할까요?

上戸（じょうご）は下戸（げこ）に、下戸は上戸に、それぞれどんな配慮をすべきでしょうか。

Talking ❸
당신 주변의 술버릇이 나쁜 사람에 대해서 이야기해 주세요.

あなたの周りの酒癖（さけぐせ）の悪い人について話してください。

Talking ❹
술을 테마로 한 노래에는 어떤 것이 있습니까? 어떤 가사입니까?

お酒をテーマにした歌にはどんなものがありますか。どんな内容の歌詞（かし）ですか。

LESSON 6

悪趣味は無趣味にまさる。

テーマ 趣味

悪趣味は無趣味にまさる。

コラム TR-11

　ストレス解消法として、スポーツや読書などの趣味に没頭（ぼっとう）するという人も多いと思います。趣味は忙しい日常生活を離れ、新しい世界を私たちに見せてくれます。日本には「悪趣味（あくしゅみ）は無趣味（むしゅみ）にまさる」、つまり「何も趣味がないより、悪い趣味でもあったほうがましだ」という言葉もあるほど、趣味を持つことが豊かな人生を送ることにつながると考える人がたくさんいます。「趣味を仕事にできたら…」と考える人は多いですが、いざ趣味が仕事になったら、急につまらなくなってしまったというケースも少なくないようです。もちろん、趣味を職業にして幸せな人生を送っている人もいます。今日はみなさんの趣味についての話で盛（も）り上（あ）がってみましょう。

スポーツ 스포츠	釣（つ）り 낚시	アマチュア 아마추어
鑑賞（かんしょう） 감상	将棋（しょうぎ） 장기	楽器（がっき） 악기
～作（づく）り ～만들기	囲碁（いご） 바둑	稽古（けいこ） 학습
～集（あつ）め ～모으기	ギャンブル 갬블	修行（しゅぎょう） 수행
習（なら）い事（ごと） 배우는 것	余興（よきょう） 여흥	師匠（ししょう） 스승, 사범
オタク 어떤 일에 유난히 집착하는 사람, 오타쿠	道楽（どうらく） 도락	弟子（でし） 제자
	語学（ごがく） 어학	～道（どう） ～도

かいわ　TR-12

ミノ　　あの…あずみさん、今度の土曜日時間ありますか。
　　　　よかったらお食事でも…。

あずみ　ごめんなさい、その日は練習があって…。

ミノ　　え、あずみさん、何かスポーツでもやってるんですか。

あずみ　スポーツじゃなくて、バンドの練習です。私ドラムやってて。

ミノ　　あずみさんがドラムですか。へえ、何か意外ですね。
　　　　ボーカルとかが似合(にあ)いそうなのに。

あずみ　それどういう意味ですか（笑）。実はこう見えても一時期プロ
　　　　目指(めざ)してたこともあるんですよ。

ミノ　　いやあ、あずみさんならきっとプロでも通用したと思いますよ。
　　　　聞いたことないけど。

あずみ　でも、やっぱりそれで食べていくのって想像(そうぞう)以上に大変らしくて、
　　　　趣味の範囲(はんい)で続けてるんです。

ミノ　　ライブとかしないんですか。絶対見に行きます。

あずみ　え、本当ですか。うれしい！実は来月の5日に武蔵境(むさしさかい)のライブハウス
　　　　でやるんですよ。ぜひ見に来てください。

Lesson 6 >> 35

フリートーキング

Talking ❶
당신은 요즘 어떤 취미가 있습니까?

あなたは今、何か趣味がありますか。

- ある → その趣味の魅力を語ってください。

Talking ❷
한때 했었지만, 그만둔 취미가 있습니까?

一時期やっていたけど、やめてしまった趣味がありますか。

- ある → やめてしまった理由は何ですか。

Talking ❸
당신 주변에 독특한 취미를 가진 사람 얘기를 해 주세요.

あなたの周りの変わった趣味を持った人について話してください。

Talking ❹
뭐가 재미있다는 건지 이해할 수 없다고 느끼는 취미는 무엇입니까?

あなたが何が面白いのか全く理解できない趣味は何ですか。

Talking ❺
취미를 일로 하는 것에 대해 어떻게 생각하세요?

趣味を仕事にすることについてどう思いますか。

LESSON 7

右見て左見て…。

テーマ　交通問題

右見て左見て…。

コラム TR-13

　初めて韓国に来た日本人は、運転の荒さに驚くそうです。特にバスやタクシーは日本では安全運転をする優良ドライバーというイメージが強いため、ソウルのタクシーに乗って「怖くて死ぬかと思った」という話もよく聞きます。反対に日本を訪れた韓国人はバスやタクシーがあまりにも遅くてイライラするかもしれません。

　韓国人が日本人より運転が荒いのは統計*を見てもわかります。2006年の「人口10万人当たりの交通事故死亡者数」を見ると、日本が6.7人なのに対し、韓国は13.1人と約2倍となっています。

　バスやタクシーほどではありませんが、地下鉄などの交通機関もいろいろとびっくりすることがあるようです。今日は私たちが毎日利用する交通機関の問題について考えてみましょう。

*http://www2.ttcn.ne.jp/honkawa/6830.html

せっかち 성급한 사람	飲酒運転 いんしゅうんてん 음주 운전	快速 かいそく 쾌속
渋滞 じゅうたい 정체	相乗 あいのり 합승	各駅停車 かくえきていしゃ 각 역 정차
初心者 しょしんしゃ マーク 초보자 마크	乗り換え のりかえ 환승	迷惑行為 めいわくこうい 민폐 행동
加速 かそく 가속	両替 りょうがえ 환전	痴漢 ちかん 치한
信号無視 しんごうむし 신호 무시	定期 ていき 정기	人身事故 じんしんじこ 인신사고
乱暴運転 らんぼううんてん 난폭 운전	通勤 つうきん ラッシュ 통근 러시	プラットホーム 플랫폼

かいわ TR-14

ミノ ゆうやさん、ソウル出張いかがでしたか。

ゆうや いやあ、初めての韓国で驚くことばかりでしたよ。

ミノ へえ、例えばどんなことですか。

ゆうや まずはみんな運転が荒かったことですね。タクシーに乗ったんですが、すごいスピードで死ぬかと思いましたよ。

ミノ あはは、バスにも乗ってみましたか。バスもなかなか面白いですよ。

ゆうや いやいや、バスも外から見てるだけで十分怖かったです。

まみ 私はソウルで地下鉄に乗ったんですけど、路線が番号になっているのですごくわかりやすかったです。日本語のアナウンスもあったりして。

ミノ そういえば、まみさんって日本語のアナウンスをしてる人に声が似てますね。

まみ そうですか。あ、でも地下鉄の中で物を売っていたりしてびっくりしました。あと、韓国って地下鉄の中で携帯電話で話してもいいんですか。

ミノ ああ、たしかにうるさいですよね。でも最近はスマートフォンのおかげでずいぶん静かになったんですよ。

Lesson 7 >> 39

フリートーキング

Talking ❶
당신이 자주 이용하는 교통기관은 무엇입니까?

あなたがよく使う交通機関は何ですか。

Talking ❷
다음 교통기관의 장점과 단점을 생각해 보세요.

次の交通機関の長所と短所をそれぞれ考えてみましょう。

	地下鉄・電車	バス	タクシー	自家用車
長所				
短所				

Talking ❸
당신 주변 사람 중에서 교통사고를 당했던 사람이 있습니까?

あなたや周りの人の中で交通事故にあったことがある人がいますか。

Talking ❹
한국 교통사고 사망자 수를 줄이기 위해서는 어떤 문제를 어떻게 개선하면 좋다고 생각합니까?

韓国の交通事故死亡者数を減らすためにはどんな問題をどう改善すればいいと思いますか。

LESSON 8

親の心子知らず、
子の心親知らず

テーマ ジェネレーションギャップ

親の心子知らず、子の心親知らず

コラム TR-15

　日本においても韓国においてもジェネレーションギャップ（世代間格差(せだいかんかくさ)）が大きな社会問題になっています。皆さんは違う世代の人と話していて、あまりにも話が通じないのでびっくりした経験はありませんか。これらのギャップは社会のあまりにも急速な発展によって生み出された副産物(ふくさんぶつ)といえるのではないでしょうか。若者は新しいモノや情報にどんどん順応(じゅんのう)していくのに対し、既存(きぞん)の世代はなかなかそれらの変化についていくことが出来ません。同時に世界はインターネットなどの力によってどんどん情報が共有されています。ですから、同じ国の違う世代の人とより、外国の同世代の人とのほうが、共感しあえるということも現実に起きてきています。

　今日はこのような皆さんの周りのジェネレーションギャップについて話してみましょう。

ノート

ジェネレーションギャップ 세대 차이
旧世代(きゅうせだい) 구세대
新世代(しんせだい) 신세대
若者(わかもの) 젊은이
年寄(としよ)り 노인
価値観(かちかん) 가치관

食(く)い違(ちが)い 어긋남, 불일치
ついていけない 따를 수 없다
古臭(ふるくさ)い 낡아빠지다, 진부하다
石頭(いしあたま) 돌대가리
トレンド 트렌드
葛藤(かっとう) 갈등
はざま 틈새

時代(じだい)の流(なが)れ 시대의 흐름
懐(なつ)かしい 그립다
死語(しご) 사어
流行語(りゅうこうご) 유행어
今(いま)どき 요즘
ダサい 촌스럽다

かいわ TR-16

父 さなえ、テレビみてないんだったら、ちょっとチャンネル回してもいいかな。

さなえ いいけど…お父さん、今どき「チャンネル回す」なんて古臭い表現使わないでよ。

父 え？あ、ああ…そういえば確かに、今は手でひねって回したりしないもんな。

さなえ お父さんって結構そういう時代遅れの言葉つかうよね。こないだもジーンズのこと「Gパン」とか言ってたでしょ。

父 俺の若い頃はそれでよかったんだよ。あ、ところでこないだ頼んどいた映画のチケットの予約、やっといてくれたか。

さなえ うん、お母さんと行くやつでしょ？まったく、それぐらい自分でやってほしいものよね。

父 だって、なんかややこしいんだよ。サイトに入って、ログインだかなんだかして、ポイントがどうのこうの、座席がどうのこうの…。やってるうちに映画見る気失せちゃうよ。

さなえ あーあ、私は絶対お父さんみたいなどん臭い人とは結婚したくないな。

フリートーキング

Talking ❶

당신은 자신을 신세대라고 생각합니까, 아니면 구세대라고 생각합니까?

あなたは自分を新世代だと思いますか、それとも旧世代だと思いますか。

Talking ❷

다음과 같은 장소에서 세대 차이를 느낀 적이 있습니까? 있으면 구체적으로 말해 주세요.

次の場所でジェネレーションギャップを感じたことがありますか。あれば具体的に話してください。

家庭で　職場で　町で
学校で　この教室で　その他

Talking ❸

한국의 젊은이와 구세대의 차이에는 어떤 것이 있을까요? 다음 힌트를 보면서 생각해 주세요.

韓国では若い人と旧世代の違いにはどんなことがあるでしょうか。下のヒントをもとに考えてみてください。

> **ヒント**
> 韓国の若い人は旧世代よりも
> (　　　　　　　　　　　) ません。
> (　　　　　　　　　　　) ます。
> (　　　　　　　　　　　) が早いです。
> (　　　　　　　　　　　) がありません。

LESSON 9

この番組は、ごらんのスポンサーの提供でお送りします。

テーマ　テレビの思い出

この番組は、ごらんのスポンサーの提供でお送りします。

🌸 コラム　TR-17

　初めてテレビ放送が始まったのは日本では1954年、韓国では1956年です。つまり、現在の人口の大半はテレビを見ながら育ってきた世代といえます。子供の頃テレビの中の正義(せいぎ)の味方(みかた)の姿(すがた)にワクワクしたり、思春期(ししゅんき)には恋愛ドラマに涙(なみだ)したり、成人してからはニュースやドキュメンタリーを通じて世の中のさまざま問題を考えたり、テレビは長い間私たちが情報を得るために重要な役割をしてきました。しかしその一方で「テレビを見すぎると頭が悪くなる」など、特に子供を持つ親からは目の敵(かたき)にされてきたのも事実です。

　ところで最近テレビを見ない、もしくは家にテレビがないという若者も増えているといいます。長い間私たちの話題の中心にいたテレビの過去、現在、未来について話し合ってみましょう。

番組 ばんぐみ 프로그램	ドラマ 드라마	ドキュメンタリー 다큐멘터리
チャンネル 채널	アニメ 애니메이션	教育番組 きょういくばんぐみ 교육 프로그램
メディア 미디어	特撮 とくさつ 특수 촬영	悪影響 あくえいきょう 악영향
情報化社会 じょうほうかしゃかい 정보화 사회	時代劇 じだいげき 시대극	放送局 ほうそうきょく 방송국
衛星放送 えいせいほうそう 위성방송	ニュース 뉴스	芸能人 げいのうじん 예능인
ケーブル 케이블	バラエティ 버라이어티	
	クイズ 퀴즈	

🟢 かいわ TR-18

ミナ 　　ねえねえ、昨日の「冷凍と高熱のあいだ」見た？
　　　　すごく面白かったよね！

たけし 　あ、見逃しちゃった…。別の見てて。

ミナ 　　別のって何？

たけし 　うん、新しく始まった「仮名ライダーアグネス」。

ミナ 　　そっか、たけし君って特撮好きだもんね。でも本当に面白かったから
　　　　あとで絶対見てね。

たけし 　うん、そうするよ。でも僕らの小さい頃って今みたいに
　　　　インターネットで何度でも見られなかったから、一回一回の放送が
　　　　すごく大事だったよね。

ミナ 　　そうそう、私も好きなアニメがある日は宿題も早くやっちゃって
　　　　テレビの前で正座して待ってたな…。時々見たい番組のことで
　　　　お兄ちゃんとけんかになったりして。そういえば、たけし君は
　　　　子供の頃どんな番組見てたの？

たけし 　僕？僕は「仮名ライダーゼロワン」。

ミナ 　　たけし君って昔も今もあんまり変わってないね…。

フリートーキング

Talking ❶
당신은 텔레비전을 하루에 몇 시간 정도 봅니까? 좋아하는 프로그램은 무엇입니까?

あなたはテレビを一日に何時間ぐらい見ますか。好きな番組は何ですか。

Talking ❷
다음 프로그램을 어느 정도 보는지 체크하고, 다른 사람과 비교해 보세요.

次の番組をどれぐらい見るかチェックして、他の人と比べてみましょう。

ドラマ	よく見る	ときどき見る	あまり見ない	全然見ない
特撮・アニメ	よく見る	ときどき見る	あまり見ない	全然見ない
ニュース	よく見る	ときどき見る	あまり見ない	全然見ない
ドキュメンタリー	よく見る	ときどき見る	あまり見ない	全然見ない
バラエティー	よく見る	ときどき見る	あまり見ない	全然見ない
教育番組	よく見る	ときどき見る	あまり見ない	全然見ない

Talking ❸
어릴 때 좋아했던 프로그램에 대해서 말해 주세요.

子供の頃好きだった番組について話してください。

Talking ❹
일본(외국) 텔레비전 프로그램을 본 적이 있습니까?

日本（海外）のテレビ番組を見たことがありますか。

LESSON 10

遊びをせんとや生まれけん

テーマ　子供の頃の遊び

遊びをせんとや生まれけん

🌸 コラム TR-19

　日本には「遊びをせんとや生まれけん」という言葉があります。これは「子供は楽しく遊ぶために世の中に生まれてきたのだ」という意味です。また、「子供は誰(だれ)しも遊びの天才」と言われてきました。いつでもどこでも自分たちで何か遊びを作りだしてしまうからです。しかし、近年(きんねん)になってその状況(じょうきょう)が変わってきたようです。おもちゃやゲームがないと遊ぶことができない子供が増えているといいます。また、かつては町のあちこちから子供たちの遊ぶ声が聞こえてきたものですが、最近はずいぶん様子が変わっているようです。今日はちょっと童心(どうしん)に帰って、子供の頃した遊びや最近の子供たちの遊びについて話し合ってみましょう。

外遊(そとあそ)び 야외 놀이, 외유	～ごっこ ～놀이	モデルガン 모조 권총
かけっこ 달음질, 달리기	ままごと 소꿉놀이	爆竹(ばくちく) 폭죽
鬼(おに)ごっこ 술래잡기	お絵(え)かき 그림 그리기	着(き)せ替(か)え人形(にんぎょう) (옷 갈아입히는) 인형
かくれんぼ 숨바꼭질	パズル 퍼즐	
缶蹴(かんけ)り 깡통 차기	ボードゲーム 보드 게임	ロボット 로봇
チャンバラ 검투, 싸움	テレビゲーム 텔레비전 게임	

かいわ TR-20

ミナ　　　ねえ、たけし君！「コンギ」って知ってる？

たけし　　え、知らないけど。食べ物？

ミナ　　　ううん、韓国の子供たちがする遊びなんだけどね。
　　　　　今日持ってきたんだ。

たけし　　へえ、キラキラしててきれいだね。これでどうやって遊ぶの？

ミナ　　　ちょっと待っててね。こうやって地面に投（な）げて…。
　　　　　１、２、３、４、５！

たけし　　うわ、すごいね！なんか手品（てじな）みたい。

ミナ　　　韓国の女の子はだいたいみんなできるんだよ。

たけし　　ちょっとやらせて。１、２…ああ、だめだ。意外と難しいね。

ミナ　　　たけし君は子供の頃どんな遊びしたの。

たけし　　外遊びなら野球とかかなあ。あと僕らはテレビゲーム世代だから、
　　　　　友達のうちに集まってよくゲームしてたよ。

ミナ　　　テレビゲームかあ。うちのお兄ちゃんはパソコンの
　　　　　オンラインゲームに夢中（むちゅう）になってよくお母さんに怒られてたな。

フリートーキング

Talking ❶
어릴 때 어떤 놀이를 좋아했습니까? 실외와 실내 어디에서 노는 일이 많았습니까?

子供の頃どんな遊びが好きでしたか。室外と室内どちらで遊ぶことが多かったですか。

Talking ❷
요즘 어린이와 여러분 세대와 놀이 방법에 어떤 차이가 있습니까? 그 차이가 생긴 이유는 무엇이라고 생각합니까?

最近の子供たちと、みなさんの世代と遊び方にどんな差がありますか。
それらの差がうまれた原因は何だと思いますか。

Talking ❸
아이는 어떻게 노는 것이 좋다고 생각합니까?

子供はどのように遊ぶのがいいと思いますか。

Talking ❹
다음 한국 놀이를 일본인에게 설명해 보세요.

次の韓国の遊びを日本人に説明してみましょう。

LESSON 11

人は見かけによらない？

テーマ　第一印象

人は見かけによらない？

🌸 コラム TR-21

　「○○さんって、意外と〜なんですね」こんなことを言われたことはありませんか。これはつまり、「あなたは〜じゃないように見える」という意味にも取れます。勝手に自分のイメージを決め付けられるのも迷惑(めいわく)な話ですが、考えてみるとその人について十分な情報がない場合、判断(はんだん)の基準(きじゅん)となるのはやはりパッと見たときの印象ということになりそうです。

　パーティなどに参加するとき髪型(かみがた)を気にしたり、いつもより念入(ねんい)りにメイクをしたりするのも、やはり初めて会う人が多い席で、自分にいい第一(だいいち)印象を持ってほしいからではないでしょうか。皆さんは先生やクラスの人に初めて会ったとき、どんな印象を受けましたか。また普段どんなイメージを持たれているでしょうか。きょうは第一印象について話し合ってみましょう。

第一印象 だいいちいんしょう 첫인상	イメチェン 이미지 체인지	髪型 かみがた 머리 모양
パッと見 み 첫느낌	整形手術 せいけいしゅじゅつ 성형 수술	顔色 かおいろ 얼굴 색
イメージ 이미지	性格 せいかく 성격	お肌 はだ 피부
見た目 め 겉보기, 외모	好印象 こういんしょう 좋은 인상	メイク 메이크업
見みかけによらない 보기와 다르다	悪印象 あくいんしょう 나쁜 인상	かつら 가발
ギャップ 갭, 차이	アピール 어필	〜っぽい 〜스럽다
意外 いがい 의외	服装 ふくそう 복장	〜らしい 〜 같다
(食たべ)そう 〜듯이	清潔感 せいけつかん 청결감	

かいわ TR-22

ミナ　　　たけし君、DVD借りてきたんだけど一緒に見ない？

たけし　　どれどれ？またアクション映画か。ミナちゃんって結構
　　　　　見かけによらずアクション好きだよね。

ミナ　　　え、そう？じゃあ、どんな映画見そうな感じするの？

たけし　　女の子らしいラブコメディとかさ。でも、そういうギャップがまた
　　　　　魅力(みりょく)なんだよね。あ、そうだ。ミナちゃんは初めて僕に会ったとき
　　　　　どうだった？

ミナ　　　どうだったって…うーん、よく覚(おぼ)えてないけど。

たけし　　ええっ、ひどいよ。僕はミナちゃんに初めて会ったときのこと
　　　　　今でもしっかり覚えてるのに。

ミナ　　　冗談冗談。あの日、たけし君のシャツにしょう油(ゆ)か何(なん)かのシミが
　　　　　ついててね、「うわー、この人彼女いなさそうだな」って思った。

たけし　　そうなの？僕の第一印象最悪じゃん。

ミナ　　　まあ、そこがまた可愛かったりもするんだけどね。でも、やっぱり
　　　　　外見って大事だと思うんだ。特にこれから就職活動(しゅうしょくかつどう)するでしょう。

たけし　　うん、そうだね。服装(ふくそう)には気をつけなくちゃ。あ、そういえば
　　　　　韓国では就職のために整形(せいけい)する人がいるって聞いたんだけど…。

ミナ　　　そういう人が多いわけじゃないけど、確かにいるわね。

たけし　　あの、もしかしてミナちゃんも…？

ミナ　　　たけし君!?

フリートーキング

Talking ❶
선생님과 학급 사람을 처음 만났을 때 어떤 인상을 받았습니까?

先生やクラスの人に初めて会ったとき、どんな印象を受けましたか。

Talking ❷
"의외로 ～하네요"라는 말을 들은 적이 있습니까?

「意外と～ですね」と言われたことがありますか。

Talking ❸
첫인상을 좋게 하기 위해서 어떤 것에 신경을 쓰고 있습니까?

第一印象をよくするためにどんなことに気をつけていますか。

Talking ❹
다음 사람들한테는 어떤 인상을 받습니까?

次の人たちからはどんな印象をうけますか。

LESSON 12

なんて素敵なキネマパラダイス

テーマ 映画

なんて素敵なキネマパラダイス

🌼 コラム TR-23

　その暗い部屋に集められた人々は、白く輝く絵のようなものを見ていました。それはどうやらどこかの駅の風景のようでした。やがて人々は遠くから何かが自分たちに向かって近づいてくるのを知りました。そしてそれが黒煙を吐き出す蒸気機関車だと知ると、パニックになり悲鳴をあげて逃げ回りました。これは映画の黎明期のエピソードです。映画が人々にいかに衝撃をもって迎えられたかがよくわかりますが、彼らが今の３Ｄ映画を見たらそれこそ気絶してしまうかもしれません。

　この100年間、映画は量的にも、また質的にも目覚しい発展を遂げ、私たちに夢や感動を与え続けてくれました。誰でも忘れられない映画の一本や二本はあるのではないでしょうか。今日はそんな映画について話し合ってみましょう。

 ノート

アクション 액션	時代劇 じだいげき 시대극	白黒映画 しろくろえいが 흑백 영화
ホラー 호러	西部劇 せいぶげき 서부극	ポップコーン 팝콘
ＳＦ映画 えいが ＳＦ 영화	ドキュメンタリー映画 えいが 다큐멘터리 영화	予約 よやく 예약
コメディ 코미디	劇場 げきじょう 극장	音響 おんきょう 음향
恋愛映画 れんあいえいが 로맨스 영화	洋画 ようが 서양 영화	カップル席 せき 커플석
戦争映画 せんそうえいが 전쟁 영화	無声映画 むせいえいが 무성 영화	
アニメーション 애니메이션		

🌸 かいわ　TR-24

あずみ　ええっ、「キネマ座」が今月で閉館!?

ミノ　　どうしたんですか。

あずみ　私が大好きな映画館が経営困難で閉館するらしいんですよ。確かにいつ行ってもお客さんそんなに入ってなかったから、しょうがないのかもしれないけど…。ショックだなあ。

ミノ　　あずみさんって一人で映画見に行ったりするんですか。

あずみ　ええ、たまに…。意外って言われるんですけど、私結構、無名の監督が作ったドキュメンタリー映画とか好きなんです。でもそういうのってあんまり誘って行ける人がいないでしょ。「キネマ座」は私みたいな人にとっては天国だったんだけどな…。

ミノ　　韓国でも最近は昔からあった町の映画館がどんどん閉館してるんですよ。寂しい話ですよね。

あずみ　これも時代の流れなんでしょうね。

ミノ　　僕も韓国にいた頃はよく見たんですが、日本は映画が高くてなかなか映画館には行かなくなりましたね。

あずみ　今、「閉館記念のありがとう上映」をしてるみたいですよ。ミノさんよかったら一緒に行きませんか。

ミノ　　いいですね。こんどの土曜日にでもどうですか。

フリートーキング

Talking ❶
당신은 한 달에 영화를 몇 번 정도 봅니까? 어떤 장르의 영화를 좋아합니까?

あなたは一ヶ月に映画を何本ぐらい見ますか。どんなジャンルの映画が好きですか。

Talking ❷
당신 인생에 영향을 준 영화가 있습니까?

あなたの人生に影響を与えた映画がありますか。

Talking ❸
일본 영화를 본 적이 있습니까?

日本の映画を見たことがありますか。

- ある　→　韓国映画と比べてどんな印象をうけましたか。
- ない　→　韓国映画と洋画とどちらが好きですか。

Talking ❹
너무 재미없어서 영화관에서 본 것을 후회한 영화가 있습니까?

あまりにもつまらなくて、映画館で見たことを後悔した映画がありますか。

LESSON 13

1％のひらめきと…。

テーマ 発明

１％のひらめきと…。

🌼 コラム　TR-25

　石や木の枝を道具として使うようになって以来、人間はより便利な生活をもとめて様々なものを発明してきました。今、私たちの周りにあるものは、どれも誰かのアイディアが形になったものです。世界中で使われるほどの発明品ともなると、それこそ天文学的なお金を得ることができます。

　では、何かを発明するためにはどんなことが必要なのでしょうか。かの有名な発明家、トーマス・エジソンは次のような言葉を残しています。「発明するためには、豊かな想像力とゴミの山が必要だ。」発明はまず、何かについて「不便だ」と思うことからスタートします。そしてそれを克服するために数々の努力をかさね、ついに一つの発明品が完成するのです。完成するまで努力するのは本当に大変なことです。でも、日常のちょっとした不便をアイディアにつなげるのは、私たちにもできるかもしれません。今日は発明について話してみましょう。もし何かいいアイディアが出たら形にしてみたらどうですか。

商品 しょうひん 상품	コンセプト 콘셉트	忍耐力 にんたいりょく 인내력
開発 かいはつ 개발	研究 けんきゅう 연구	情熱 じょうねつ 정열
ひらめき 영감, 번뜩임	不便 ふべん 불편	長持 ながもち 오래감, 오래 씀
アイディア 아이디어	消費者 しょうひしゃ 소비자	単純 たんじゅん 단순
特許 とっきょ 특허	イメージ 이미지	
材料 ざいりょう 재료	主題 しゅだい 주제	

🌼 かいわ TR-26

さなえ　ねえ、これ見てみて。

たけし　え、なにこれ…。普通の鏡みたいだけど。

さなえ　でしょ、でもこうやってちょっと傾けると…。

ミナ　　わあ、時間がわかるんだ。すごい便利そう！

さなえ　でしょでしょ！これならお化粧直しながら時間がわかって、お出かけの前とかすっごい便利だと思って。

たけし　それで衝動買いしちゃったってわけ？あーあ、全く。

さなえ　何よ！何か文句でもあるの？

たけし　そんなの横に時計置いといたらいい話じゃないか。

さなえ　この手軽さがいいんじゃない！わかってないな。

ミナ　　そうだよ。発明って、普通は気づかないような小さな不便を解消しようとすることからスタートすることが多いんだよ。

たけし　でも、こんな話もあるよ。「ボールペンは重力のない宇宙では書けなくなるので、アメリカは宇宙空間でも書けるようなボールペンをすごいお金をかけて発明した。一方ロシアは鉛筆を使った」。

ミナ　　何その話、面白い！

さなえ　面白くない！とにかくこれすごく便利なんだから。ミナちゃんも買ってみたら？

フリートーキング

Talking ❶
다음 발명 중에서 여러분이 훌륭하다고 생각하는 순서대로 순서를 매겨 보세요.

次の発明をみなさんが「すごい！」と思う順序にランキングしてみましょう。

ハイヒール	自動車	電話	パソコン
エレベーター	冷蔵庫	ボールペン	眼鏡
自動販売機	カメラ	その他	その他

Talking ❷
위 상품 이외에 당신이 훌륭하다고 생각하는 발명품은 무엇입니까?

上の商品以外に、あなたが「すごい！」と思う発明品は何ですか。

Talking ❸
클래스 사람과 팀을 이루어 '집 안에서 느끼는 작은 불편'을 해소하기 위한 아이디어 상품을 생각해 보세요.

クラスの人とチームを作って、「家の中で感じる小さな不便」を解消するためのアイディア商品を考えてみましょう。

解消したい不便：

商品の名前：

LESSON 14

君の涙より汗は美しい！

テーマ スポーツ

君の涙より汗は美しい！

🌸 コラム　TR-27

　突然ですが皆さんはスポーツをしていますか。ある統計によると、日本の全人口の70％ほどが1週間に1回以上スポーツを楽しんでいるそうです（ちなみに一位はウォーキング、二位はボウリングという結果です。）スポーツは体を丈夫にし、ストレスを発散し、ダイエットにもなります。また団体競技は他の人と協力することで、社会性を伸ばすのに役立ちます。このようなことから日本の中学や高校では、多くの生徒がクラブ活動を通じてスポーツをしています。漫画の題材としてスポーツが取り上げられることもよくあります。

　また、自分で体を動かすのは苦手だが、スポーツ観戦は好きだという人も多いです。特に地域のチームや、自分の国の代表が出るチームの試合などは、愛国心などと結びついて、大きな社会現象になることもしばしばです。みんなが一つになって応援し、勝利の喜びに酔いしれる快感はだれしも経験したことがあるのではないでしょうか。今日は熱くスポーツについて語り合ってみましょう。

球技 きゅうぎ 구기
陸上競技 りくじょうきょうぎ 육상 경기
クラブ活動 かつどう 클럽 활동
サークル 서클, 동아리
個人競技 こじんきょうぎ 개인 경기
団体競技 だんたいきょうぎ 단체 경기
武道 ぶどう 무도

格闘技 かくとうぎ 격투기
選手 せんしゅ 선수
監督 かんとく 감독
マネージャー 매니저
コーチ 코치
オリンピック 올림픽
メダル 메달
応援 おうえん 응원

熱狂 ねっきょう 열광
優勝 ゆうしょう 우승
フーリガン 훌리건
運動神経 うんどうしんけい 운동 신경
運動 うんどう オンチ 운동을 잘 못하는 사람

かいわ TR-28

まみ ミノさんってスポーツ得意そうですよね。何かやってましたか。

ミノ ええ、学生のころサッカーをちょっと…。

まみ 本当ですか。私、高校時代サッカー部のマネージャーだったんですよ。

ミノ へえ、そうですか。そういえば日本では高校生がよくスポーツをしていますよね。漫画なんかでもよく見ますし。

まみ 韓国の高校生はクラブ活動とかしないんですか。

ミノ みんな勉強で大変ですからね。スポーツしてるひまがないんですよ。

まみ そうなんですね。あ、そういえば今度サッカーの日韓戦が横浜でありますよね。

ミノ たしか来月ですよね。楽しみだなあ。今度の試合にはヨーロッパで活躍してる選手たちもたくさん出場するんですよ。

まみ その日、高校時代の友達と居酒屋で応援することにしてるんですけど、ミノさんもどうですか。

ミノ でもみんな日本を応援するんでしょ。僕は妹と一緒に家で応援しますよ。

まみ 妹さんも連れてきてくださいよ。もし韓国が勝ったらお勘定はいりませんから。

フリートーキング

Talking ❶
당신은 무언가 운동을 하고 있습니까/했었습니까?

あなたは何かスポーツをしていますか/していましたか。

Talking ❷
일본인이 좋아하는 '보며 즐기는 스포츠'의 순위를 예상해 보세요.

日本人が好きな「見るスポーツ」の順位を予想してみましょう。

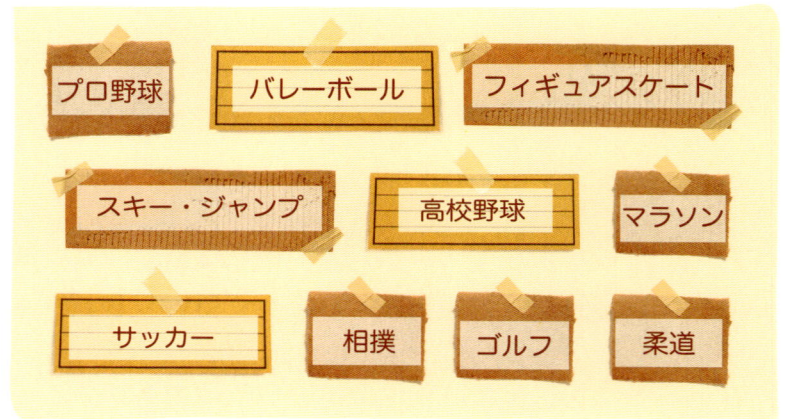

＊答えは72ページ！

Talking ❸
앞으로 해 보고 싶은 스포츠가 있습니까?

これからしてみたいスポーツがありますか。

Talking ❹
스포츠 관전을 한 경험을 얘기해 주세요.

スポーツ観戦の思い出を話してください。

LESSON 15

ファッションリーダー

テーマ ファッション

ファッションリーダー

🌸 コラム TR-29

　「馬子にも衣装」という言葉もあるぐらい、ファッションはその人の印象を決める重要な要素です。普段はあまり目立たなかった人が、パーティに素敵なドレスで現れてみんなの注目の的になるということもあります。また、時と場合に合った服装をすることは社会人としての大事なマナーの一つです。

　しかし、その一方でファッションへの度を越した執着は、ブランド熱を過熱させるなど、さまざまな社会問題を引き起こしています。

　みなさんはどれほどファッションに気を使っていますか。

ブランド 브랜드	モデル 모델	トップス 상의
品質 ひんしつ 품질	サイズ 사이즈	ボトムス 보텀스
生地 きじ 원단	デザイン 디자인	裁縫 さいほう 재봉
流行色 りゅうこうしょく 유행색	通販 つうはん 통판	和服 わふく 일본 의상
化粧品 けしょうひん 화장품	デパート 백화점	チマチョゴリ 치마저고리
デザイナー 디자이너	ブティック 부티크	ファッションショー 패션 쇼

かいわ　TR-30

　　　　　　（デパート）

ミナ　　　ねえ、今日のパーティに持っていくかばんなんだけど。
　　　　　この赤いやつと、ブラウンのやつとどっちがいいと思う？

たけし　　うーん、まあどっちでもいいと思うけど、茶色の方が高そうだし、
　　　　　そっちにしたら？

ミナ　　　えっ、どうして？やっぱり赤は派手すぎると思う？
　　　　　でも、今日の服はちょっと明るめのトーンだし、ブラウンよりは赤の
　　　　　ほうが合うんじゃないかな。

たけし　　そ、そうかもね…。じゃあ、赤にしたら？

ミナ　　　もう、ちゃんと考えてよ。たけし君ってほんとにファッションに興味
　　　　　ないよね。

たけし　　何を着たって人間の中身が変わるわけじゃないんだから。

ミナ　　　その人の中身は変わらなくたって、他の人が受ける印象は
　　　　　変わるでしょ。韓国には「服は翼だ」ってことわざもあるんだから。

たけし　　もうそろそろ時間だよ。遅れちゃうよ。

ミナ　　　ちょっと、たけし君、まさかその格好で行くわけじゃないわよね。

たけし　　え、そのつもりだけど。

ミナ　　　だめだめ！私がコーディネートしてあげるから、こっち来て！

たけし　　もう…めんどくさいなあ。

フリートーキング

Talking ❶
당신은 옷이 많은 편입니까?

あなたは服をたくさん持っているほうですか。

Talking ❷
옷을 고르는 데 어느 정도 시간이 걸립니까? 어떤 기준으로 고릅니까?

服を選ぶのにどれぐらい時間がかかりますか、どんな基準で選びますか。

Talking ❸
선생님의 평상시 패션에 대해서 어떻게 생각합니까?

先生の普段のファッションについてどう思いますか。

Talking ❹
이 클래스에서 가장 패션 센스가 좋은 사람은 누구라고 생각합니까? 그렇게 생각한 포인트는 무엇입니까?

このクラスの中で一番ファッションセンスがいいのは誰だと思いますか。そう考えたポイントはなんですか。

Talking ❺
패션에 너무 구애 받아서 생기는 문제로는 어떤 것이 있다고 생각합니까?

ファッションにこだわりすぎることで起きる問題にはどんなことがあると思いますか。

*68ページのTalking2の答え(参考用)

①プロ野球 ②高校野球 ③フィギュアスケート ④マラソン ⑤サッカー ⑥バレーボール ⑦相撲 ⑧ゴルフ ⑨スキー・ジャンプ ⑩柔道

LESSON 16

狭いながらも楽しい我が家

テーマ 住まい

狭いながらも楽しい我が家

🏵 コラム TR-31

　「衣・食・住」という言葉もあるように、住まいは私たちが生きていく上で必要なものです。しかし、近年の大都市においては、着るものや食べ物に比べて非常に手に入れにくいものになっているのも事実です。小さな家を手に入れるために、給料を全部貯金しても何十年もかかるほどです。そういう人たちは家賃(やちん　はら)を払いながら、他の人に住まいを借りて生活することになります。ところで、日本では学生や新婚(しんこん)夫婦が住むための小さな木造(もくぞう)の集合住宅を「アパート」と言うのは知っていますか。韓国語の「アパート」は「マンション」といいます。お金持ちの韓国人留学生が日本で「うちの家族はアパートに住んでいます」と言ったところ、非常にかわいそうな目で見られたというのは有名なエピソードです。韓国では近代的なマンションに住むことがステータスとなっていますが、一般的に日本では一戸建(いっこだ)てを持ってこそ一人前(いちにんまえ)という意識が強く、都市圏(としけん)が郊外(こうがい)に郊外に広がっていく原因となっています。

ノート

一戸建いっこだて 단독 주택	～畳じょう ～(다다미) 장	居間いま 거실
庭付にわつき 정원 있는 집	～坪つぼ ～평	子供部屋こどもべや 어린이 방
アパート 아파트	立地りっち 입지	和室わしつ 일본식 집
マンション 맨션	日当ひあたり 볕이 듦, 양지 바른 곳	浴室よくしつ 욕실
集合住宅しゅうごうじゅうたく 집합 주택	築ちく～年ねん 건축한 지 ～년	洗面所せんめんじょ 세면장
日本式家屋にほんしきかおく 일본식 가옥	新築しんちく 신축	脱衣所だついじょ 탈의실
賃貸ちんたい 임대	団欒だんらん 단란함	耐震たいしん 내진
家賃やちん 집세	棟上式むねあげしき 상량식	風水ふうすい 풍수

かいわ　TR-32

あずみ　昨日韓国ドラマを見てて思ったんですが、韓国のお家ってみんなあんなに大きいんですか。

ミノ　え、どんな家でしたか。

あずみ　なんか200平米(へいべい)ぐらいはありそうな、すごく豪華(ごうか)なマンションでした。

ミノ　それはドラマの中の話ですから、みんながそんなに広い家に住んでいるわけじゃないですよ。でも、一般的に言って日本のマンションよりは広いかもしれませんね。トイレも２つあったりするし。

あずみ　そうなんですか。どうしてそんなに広いんですか。

ミノ　日本のように地震(じしん)がないから、どんどん高く建てられるんですよ。30階立てぐらいは普通ですから。

あずみ　へえ、そんなに高かったら目が回りそう。そういえば、ミノさんは今妹さんと住んでるんですよね。

ミノ　ええ、駅から近いところにあるアパートです。商店街(しょうてんがい)も近くて便利なんですが、冬は寒くてびっくりしました。

あずみ　え、だってソウルのほうが寒いでしょ。

ミノ　韓国の家はオンドルといって床暖房(ゆかだんぼう)があるので、冬でも家のなかはとても暖かいんですよ。

あずみ　へえ、それはうらやましいかも。冬の脱衣所(だついじょ)とか本当に寒いですからね。

ミノ　そういえば韓国の家には脱衣所がないですね。日本とは入浴(にゅうよく)スタイルが違うので。

フリートーキング

Talking ❶
드라마와 영화에서 외국 집을 보고, 어떤 부분이 한국 집과 다르다고 생각했습니까?

ドラマや映画で外国の家を見て、どんなところが韓国の家と違うと思いましたか。

Talking ❷
장래에 어떤 집에 살고 싶습니까? 이유는 무엇입니까?

将来どんな家に住みたいですか。理由はなんですか。

アパート	一戸建て
韓屋	洋館
その他	

Talking ❸
집을 고를 때 중요하다고 생각하는 것 5개를 들어 주세요.

家を選ぶときに大事だと思うことを5つあげてください。

LESSON 17

お客様は神様です？

テーマ　サービス

お客様は神様です？

🌸 コラム　TR-33

　「お客様は神様です」という言葉を持ち出すまでもなく、現代の社会では消費者である顧客が絶対的な存在とされています。そのため顧客を感動させるための様々なサービスが考え出されているのです。特に、提供するものの質がほとんど変わらない場合、他の会社やお店に比べていかによいサービスをするかということが、成功の鍵を握っているといっても過言ではないでしょう。

　ところで、一言でサービスと言っても日本と韓国ではその形が違うようです。たとえば食堂などでも、日本のサービスはマニュアル化されており、全ての顧客が平等に同じ感動を味わえるようになっているのに対し、韓国のサービスは「本当はだめなんだけどあなたには特別に！」といったふうに、その人を特別扱いすることで感動を与える傾向があるのではないでしょうか。

気配きくばり 배려	アンケート 앙케트	感謝かんしゃ 감사
心遣こころづかい 마음 씀씀이	満足度まんぞくど 만족도	顧客こきゃく 고객
おかわり 더 먹는 것	感動かんどう 감동	限定げんてい 한정
返品へんぴん 반품	クレーム 클레임	レディースデー 레이디스 데이
修理しゅうり 수리	お詫わびの品しな 사과 물건	
交換こうかん 교환	記念品きねんひん 기념품	

かいわ TR-34

店員　　どうぞ。

ミナ　　あの、アイスクリーム頼んでないんですけど…。

店員　　ただいまキャンペーン中でして、Aセットをお召し上がりになったお客様には、こちらのアイスクリームをお付けしております。

たけし　あの、僕もAセット食べたんですけど。

店員　　申し訳ございません。女性のお客様のみとなっておりまして…。

たけし　そうなんですか…。わかりました。

ミナ　　このアイスクリームすごくおいしい！今度さなえちゃんも誘って来ようっと。

たけし　何かさ、女性限定のサービスってすごく多くない？

ミナ　　まあまあ、たけし君も一緒に食べようよ。

たけし　あ、ありがとう。最近はどのレストラン行ってもみんなそこそこおいしいから、やっぱりサービスで勝負って感じになるのかもしれないね。

ミナ　　韓国では友達が働いているお店とか行くとすごくサービスしてもらえるんだよ。

たけし　へえ、でも確かに韓国の人って何だか気前がよさそうなイメージだもんね。

ミナ　　この後、どこ行こうか。

たけし　カラオケなんてどう？

ミナ　　いいね！そうそう、韓国ではカラオケでもサービスがあるんだよ。

フリートーキング

Talking ❶

감동 받았던 서비스에 대해서 말해 주세요.

してもらって感動的だったサービスについて話してください。

Talking ❷

서비스업을 하는 데 있어서 중요한 것은 무엇이라고 생각합니까?

サービス業をする上で大事なことは何だと思いますか。

Talking ❸

한국에서는 다음과 같은 장소에서 어떤 서비스를 받을 수 있습니까?

韓国では次のような場所でどんなサービスを受けられますか。

Talking ❹

여성에게만 제공하는 서비스를 하는 곳이 많은 이유는 무엇이라고 생각합니까?

女性限定のサービスをするところが多い理由は何だと思いますか。

LESSON 18

春はあけぼの、夏は夜、
秋は夕暮れ、冬はつとめて

テーマ 季節や天気

春はあけぼの、夏は夜、秋は夕暮れ、冬はつとめて

🌸 コラム　TR-35

　日本人も韓国人もよく自分の国のことを「四季の美しい国」と言います。しかし、言い方によっては、自分の国を特別視し、他の国にはまるで四季がないかのように受け取られかねません。その様子が違うだけでどんな国にも美しい季節はあるものです。また、ロシア人が日本人に次のようなことを言ったという笑い話もあります。「日本人は自分の国を四季のある国というがこれはおかしな話だ。たしかに春はある。夏もある。しかしその後長い秋が来てまた春が来る。冬がないではないか」

　同じ春でも日本人と韓国人では感じ方が違います。日本人にとって春は桜の季節でもあると同時に花粉症の季節でもあります。また韓国人にとっては招かざる客、黄砂との戦いの季節です。日本人は韓国の夏を過ごしやすいといい、韓国人は冬に日本人が気温が零下に下がったと大騒ぎをするのを見るとあきれてしまいます。さて、皆さんは季節のなかでいつが一番好きですか。

春夏秋冬 しゅんかしゅうとう 춘하추동
季節 きせつ 계절
花粉 かふん 꽃가루
黄砂 こうさ 황사
花見 はなみ 꽃구경
入学式 にゅうがくしき 입학식
梅雨 つゆ 장마
集中豪雨 しゅうちゅうごうう 집중 호우

台風 たいふう 태풍
猛暑 もうしょ 맹서
海水浴 かいすいよく 해수욕
お盆 ぼん 오봉
カビ 곰팡이
湿気 しっけ 습기
紅葉 こうよう 단풍
食欲 しょくよく の秋 あき
식욕의 계절 가을

大雪 おおゆき 대설
オンドル 온돌
底冷 そこびえ 지독한 추위
零下 れいか 영하
雨男 あめおとこ・雨女 あめおんな
비를 몰고 다니는 남자(여자)
晴男 はれおとこ・晴女 はれおんな
날씨를 맑게 하는 남자(여자)

かいわ　TR-36

ゆうや　8月にソウルに出張に行くことになったんだけど、やっぱりあっちも暑いのかなあ。

さなえ　暑いことは暑いけど、日本ほどじゃないみたいよ。

ゆうや　どうしてお前がそんなこと知ってるんだよ。

さなえ　私の友達のミナちゃんが去年の夏、死にそうになってたから。こんな暑さは生まれて初めてだって。あっちは湿気が低いからカラッとしてて、そんなに蒸し暑くないんだって。

ゆうや　へえ、そうなんだ。その代わり冬は寒いんだろうな。

さなえ　そうらしいよ。1月なんか毎日気温がマイナスで、ひどい時はマイナス15度ぐらいになるんだって。

ゆうや　マイナス15度!? ちょっと想像できない寒さだな。冬はソウル出張がありませんように…。

さなえ　ねえ、8月だったら私も夏休みだから一緒に行ってもいい？ミナちゃんが一時帰国するって言うから、遊びに行こうかと思ってさ。

ゆうや　ええっ？おいおい、遊びに行くんじゃないんだぞ。それにお前雨女だからついてこられると迷惑なんだよ。

フリートーキング

Talking ❶
계절 중에서 언제를 제일 좋아하세요? 그것은 어째서입니까?

季節の中でいつが一番好きですか。それはどうしてですか。

Talking ❷
'봄 여름 가을 겨울'은 각각 언제부터 언제까지라고 생각하세요? 다음 표에 써 보세요.

「春・夏・秋・冬」はそれぞれいつからいつまでだと思いますか。下の表に書いて見ましょう。

1月	2月	3月	4月	5月	6月
7月	8月	9月	10月	11月	12月

Talking ❸
지금까지 가장 더웠거나 추웠던 경험을 이야기해 주세요.

今までで一番暑かった・寒かった時のことを話してください。

Talking ❹
장마나 대설로 고생했던 이야기를 해 주세요.

大雨や大雪で苦労した話をしてください。

84

LESSON 19

ほら、あなたの後ろに…。

テーマ 怖い話

ほら、あなたの後ろに…。

コラム TR-37

　狐や狸が人間を化かすと本気で信じている人はもういないと思いますが、どんなに科学が発達しても、不思議な話、怖い話が尽きることはありません。日本では夏になると必ず怖い話がテレビで放送され、蒸し暑い夏の夜を涼しくしてくれます。修学旅行などに行くと、寝る時間に怖い話を始める友人が一人はいたのではないでしょうか。人はなぜ怖い話に魅力を感じるのでしょうか。一説によると、怖い話を好むのは一種の予行演習だといいます。人がその一生を終える原因には、病だけでなく突発的で非日常的なものもあります。つまり、私たちが怖い話をするのは「不条理な最期」に備えるための練習だというのです。怖い話とは、不条理を仮想体験する一種のバーチャルリアリティーとして機能してきたのです。ところでさっきからあなたの後ろにいるその人はだれですか。

ノート

怪談かいだん 괴담
幽霊ゆうれい 유령, 귀신
妖怪ようかい 요괴
怪物かいぶつ 괴물
お墓はか 무덤
神社じんじゃ 신사
花子はなこさん 하나코상(학교 화장실 귀신)

こっくりさん 분신사바
恨うらみ 원한
呪のろい 저주
自殺じさつ 자살
殺人さつじん 살인
まぼろし 환영, 환상
あの世よ 저세상
おはらい (신사에서) 액막이 행사, 굿

百物語ひゃくものがたり (밤에 모여서) 돌아가며 괴담을 이야기하는 것
たたり 재앙, 저주
霊感れいかん 영감
口裂くちさけ女おんな 80년대 일본에 출현했던 요괴
都市伝説としでんせつ 도시 전설
ホラー映画えいが 호러 영화

かいわ　TR-38

さなえ　たけし君、今日も図書館に遅くまで残って勉強するの？気をつけてね。

たけし　気をつけるって、何のこと？

さなえ　夜遅く図書館で勉強してると、時々出るらしいから。

たけし　え？出るって…まさか…。おいおい、やめてくれよ。

さなえ　あの図書館のあった場所って昔はお墓(はか)だったんだって。だから、夢中で勉強してたら横から白い子供の手が伸びてきて本のページをめくったり、だれもいないはずの廊下(ろうか)にスリッパの音が聞こえたり…。

たけし　やめてってば！もう今夜から図書館で勉強できないじゃないか。

さなえ　たけし君って昔から怖がりだよね。そんなんじゃミナちゃんに嫌(きら)われるよ。

たけし　怖がらせてるのは誰なんだよ！でも、僕ほんとにそういうの全くだめなんだ。ホラー映画とか絶対無理。

さなえ　そういえば今度の合宿で男女ペアになって肝試(きもだめ)しするらしいよ。

たけし　なんでわざわざ遠くへいってまで怖い思いしなきゃいけないんだよ。僕合宿行くのやめようかな。

さなえ　そしたらミナちゃんがだれか他の男の人とペアになることになるけど？

たけし　ううっ…それは、困(こま)る…。

さなえ　ミナちゃんに頼(たの)もしいところ見せるチャンスじゃない。がんばりな！

Lesson 19

フリートーキング

Talking ❶
당신은 무서운 이야기를 좋아하세요, 싫어하세요? 그것은 어째서입니까?

あなたは怖い話が好きですか、それとも嫌いですか。それはどうしてですか。

Talking ❷
지금보다 과학이 발달하면 무서운 이야기는 없어진다고 생각합니까?

今より科学が発達したら怖い話はなくなると思いますか。

Talking ❸
다음을 보고 연상되는 무서운 이야기로 어떤 것이 있습니까?

次のものから連想される怖い話にはどんなものがありますか。

Talking ❹
클래스 사람과 순서대로 한 번씩 돌아가면서 무서운 이야기를 하고 누구 이야기가 가장 무서웠는지 말해 보세요.

クラスの人と順番に一つずつ怖い話をして、だれの話が一番怖かったか言って見ましょう。

LESSON 20

だまって座ればピタリと当たる！

テーマ 占い・迷信

だまって座ればピタリと当たる！

コラム　TR-39

　みなさんは新聞やインターネットでその日の運勢などを見ますか。そのような場合、日本では星座占いが、韓国では干支占いが人気があるようです。星座にしろ、干支にしろ、12種類しかないのですからそれで当たるほうがおかしいと思いながらも、いざ運勢が悪いと言われるといい気分がしないのが人間というものです。

　科学が発達した現代でもこのような非科学的な判断方法は私たちの生活に無視できない影響力を与えています。韓国では受験に落ちないように飴を校門にくっつけますし、日本では縁起をかついでトンカツなど「勝つ」という言葉のついた食べ物を食べます。また結婚式のスピーチで使ってはいけない「忌み言葉」というものもあります。今日は私たちのまわりにある科学では説明できないこれらのことについて話し合ってみましょう。

縁起 えんぎ 재수, 운수	おみくじ 오미쿠지	伝承 でんしょう 전승
縁起 えんぎ をかつぐ 운세를 보다	茶柱 ちゃばしら 잎차를 찻잔에 따를 때 곧추 서는 찻줄기	法事 ほうじ 법사
迷信 めいしん 미신	占 うらな い師 し 점술가	タロット 타로
思 おも い込 こ み 굳게 믿음	巫女 みこ 무당	血液型 けつえきがた 혈액형
占 うらな い 점	忌 い み言葉 ことば 불길한 말, 쓰기 꺼리는 말	星座 せいざ 별자리
手相 てそう 손금	言霊 ことだま 말의 영력	干支 えと 간지
四柱推命 しちゅうすいめい 사주팔자		ラッキーナンバー 행운의 숫자
運勢 うんせい 운세		ラッキーカラー 행운의 색

かいわ　TR-40

ミノ	あずみさん、さっきから熱心に何を見てるんですか。
あずみ	ああ、今日の運勢を占ってくれるアプリケーションなんですよ。自分の名前と生年月日を入れるだけなんですけど、結構当たっててびっくりなんです。
ミノ	へえ、あずみさんって占いとか好きなんですね。
あずみ	ミノさんの運勢も見てあげますよ。誕生日いつですか。
ミノ	3月2日です。
あずみ	「今日は目上の人の前では言葉づかいに気をつけましょう。お酒は飲みすぎないようにしましょう」ですって。気をつけたほうがいいですよ。
ミノ	そんなの今日じゃなくても当たり前じゃないですか。
あずみ	「今日のラッキーカラーはピンク。逆に青や黄色のものはよくない」そうですよ。あ、ミノさん今日のネクタイ黄色ですね。変えたほうがいいんじゃないですか。
ミノ	何言ってるんですか。そんなの当たるわけないじゃないですか。
ゆうや	ミノさん、部長がちょっと部屋に来て欲しいそうです。
ミノ	え？な、何だろう…。
あずみ	ミノさん、言葉づかい言葉づかい。
ミノ	わかってますよ。あ、あずみさんそのピンクのボールペンちょっと貸してもらっていいですか。
あずみ	もちろんですよ。グッドラック！
ゆうや	二人とも何言ってるんだ？

フリートーキング

Talking ❶
당신은 지금까지 점을 본 적이 으세요? 어떤 점입니까?

あなたは今まで占いをしたことがありますか。それはどんな占いですか。

Talking ❷
한국에는 임신하면 꾸는 꿈 '태몽'이 있는데, 당신이나 당신 주위 사람의 태몽에 대해서 말해 주세요.

韓国には妊娠すると見る夢「胎夢」がありますが、あなたやあなたの周りのひとの胎夢について話してください。

Talking ❸
일본에서는 찻잎 줄기가 서면 재수가 좋다고 하는데, 당신은 어떤 일이 있으면 운이 좋을 거라고 느낍니까?

日本では茶柱が立つと縁起がいいと言われますが、あなたはどんなことがあるとラッキーだと感じますか。

Talking ❹
다음은 모두 재수가 나쁘다고 하는 것들입니다. 일이 생기면 기분 나빠지는 순서대로 순위를 매겨 보세요.

次はすべて縁起が悪いとされていることです。起きたらいやな気分になる順にランキングしてみてください。

- ☐ テストの前の日にコップなどを割る。
- ☐ はっきりとした悪夢を見る。
- ☐ ホテルで1313号室に泊まる。
- ☐ 仏滅など縁起の悪い日に結婚式を挙げる。

LESSON 21

友達か恋人か、それが問題だ。

テーマ 友情と愛情

友達か恋人か、それが問題だ。

コラム　TR-41

　一人で生きていける人はいません。私たちの心は常にそばにいてくれる誰かを必要としているものです。自分と他の人とのつながりを感じさせてくれるものは、「情」と言われる心のつながりです。その中でも「友情」と「愛情」のバランスをとることは永遠のテーマと言えるでしょう。恋人ができたとたん友人に「付き合いが悪くなった」と言われたり、反対に恋人に「私と友達とどっちが大事なの」と攻められたりした経験はありませんか。また、友情だと思っていたものがいつの間にか愛情に変わってしまい、下手に告白をして、もともとあった友情まで壊れてしまうのではないかと悩むこともあるでしょう。今日は友情と愛情の間で生まれる様々な出来事について話し合ってみましょう。

ノート

絆きずな 끊기 어려운 정리
嫉妬しっと 질투
失恋しつれん 실연
片思かたおもい 짝사랑
三角関係さんかくかんけい 삼각관계

浮気うわき 바람기
裏切うらぎる 배신하다
思おもいやり 배려
告白こくはく 고백
振ふられる 차이다

哲学てつがく 철학
難題なんだい 난제
男おとこ/女同士おんなどうし 남자끼리, 여자끼리
幼おさななじみ 소꿉친구

🍀 かいわ　TR-42

ミナ　　　たけし君、どうしたの。

たけし　　ミナちゃん、明日のデートの話なんだけどさ…。僕の友達が引越(ひっこ)しをするらしくて、ちょっと手伝ってあげようと思うんだ。だから、その…。

ミナ　　　あ、そうなんだ…。そうだよね。たまには男同士の友情も大事だよね。わかった。しっかり手伝ってきてね。

たけし　　あ、男じゃないよ。女の子。中学の頃からの友達なんだ。

ミナ　　　え？女の子？どうしてたけし君がその人の引越しを手伝わなきゃいけないの？その人から頼まれたの？

たけし　　いや、彼女から引越しの話を聞いてさ。大変そうだから手伝ってあげることにしたんだよ。

ミナ　　　信じられない。彼女とのデートより、そっちを優先(ゆうせん)させるなんて。その女の子もたけし君に恋人いること知ってるんでしょ。その子ちょっと常識(じょうしき)ないんじゃないの。

たけし　　おいおい、僕の友達をあんまり悪くいうなよ。ただの幼(おさな)なじみだから心配しなくても大丈夫だよ。

ミナ　　　知らない。もう勝手にしてよ！

たけし　　もしもし、もしもしミナちゃん？

Lesson 21 >>

フリートーキング

Talking ❶

우정과 애정은 무엇이 다르다고 생각하세요?

友情と愛情は何が違うと思いますか。

Talking ❷

이성 사이에서도 우정은 생긴다고 생각합니까?

異性の間にも友情は生まれると思いますか。

Talking ❸

당신은 우정과 애정 중에서 어느 쪽을 우선으로 하세요?

あなたは友情と愛情のうちどちらを優先しますか。

Talking ❹

위인이 우정과 애정에 대해서 남긴 말입니다. 각각에 대해서 당신은 어떻게 생각합니까?

偉人が友情と愛情について残した言葉です。それぞれについてあなたはどう思いますか。

* 時は友情を強めるが、恋愛を弱める。
ラ・ブリュイエール

* 男と女の間に友情はあり得ない。情熱、敵意、崇拝、恋愛はある。しかし友情はない。
ワイルド

* 恋人のいる人間に友情を注ごうとすることは、喉の乾いている人間にパンを与えようとするようなものだ。
ムーア

* 恋愛は人を強くすると同時に弱くする。友情は人を強くするばかりである。
ボナール

LESSON 22

あなたのハートを
ダブルクリック！

テーマ インターネット

あなたのハートをダブルクリック！

コラム TR-43

　20世紀末に登場したインターネットは生活のすみずみにまで浸透し、私たちのライフスタイルに革命的といってもよいほどの大きな変化をもたらしました。昔は図書館や市役所やデパートなどに直接出かけてしていたことが、自宅に座ったままクリック一つで出来るようになり、私たちの生活はますますスピーディーで快適になりました。しかし、その一方でインターネットによって引き起こされた弊害も忘れてはいけません。インターネットが原因で人が命を落とす事件も起きており、発達しすぎた情報化に恐れを感じる人も少なくありません。このように私たちに恵みと災いを同時に与えるインターネットですが、もはやインターネットなしの世界はありえない以上、いかに上手く付き合っていくかが問われています。

情報化社会 じょうほうかしゃかい 정보화 사회	インターネット中毒 ちゅうどく 인터넷 중독	ハッキング 해킹
メールアドレス 메일 어드레스	炎上 えんじょう (인터넷 용어) 악성 댓글 등이 쇄도하는 것	コピペ 복사해 붙이기
ブログ 블로그		アプリ 어플리케이션
ツイッター 트위터	引ひきこもり 히키코모리	掲示板 けいじばん 게시판
暗証番号 あんしょうばんごう 비밀번호	対人恐怖症 たいじんきょうふしょう 대인공포증	プライバシー 프라이버시
お気きに入いり 즐겨찾기		侵害 しんがい 침해
ネトウヨ 인터넷 우익	有害 ゆうがい サイト 유해 사이트	

かいわ　TR-44

まみ　ミノさん、何してるんですか。

ミノ　来週あずみさんと映画をみることにしたんですけど、どんな映画がいいか調べてるんですよ。

まみ　へえ、今上映中の韓国映画「私の頭の中のホッチキス」とかいいんじゃないですか。私見たんですけど、感動して泣いちゃいました。

ミノ　そうですか。じゃあ、それにしようかな…。あれ、でもレビューを見るとあんまり点数高くないですね。10点満点の6点か…。

まみ　え？あ、本当だ。すごくよかったのにおかしいなあ。

ミノ　これを見ると1点とか0点とかつけてる人がすごく多いですけど…。「ゴミのような映画」とか「時間のムダ」とか…。

まみ　ちょっと見せてください。あ、この書き方…。多分この人たちろくに映画を見ずに低い点数つけてるみたいですよ。

ミノ　え…どうしてそんなことするんですか。

まみ　韓国にあまりいい感情を持っていない一部の人たちが、こういうことをしたりするんです。すごく残念なことですけど。

ミノ　ああなるほど、内容とは関係なく韓国映画だからですか。そういえば韓国にもそういう人たちがいますね。ネットをあまり信じすぎちゃだめってことかな。

フリートーキング

Talking ❶
당신은 하루에 몇 시간 정도 인터넷을 합니까? 주로 무엇을 합니까?

あなたは一日に何時間ぐらいインターネットをしますか。主にどんなことをしますか。

Talking ❷
당신 주위에 인터넷 중독인 사람이 있습니까?

あなたの周りにインターネット中毒の人はいますか。

Talking ❸
인터넷 때문에 불쾌하게 느꼈던 적이 있습니까? 또는 주위에 그런 사람이 있습니까?

インターネットのせいで不快な思いをしたことはありますか。または周りにそんな人がいますか。

Talking ❹
인터넷을 사용할 수 없게 되면 당신은 개인적으로 무엇이 가장 불편할 것 같습니까?

インターネットが使えなくなったら、あなたは個人的に何が一番不便になると思いますか。

LESSON 23

年は数字に過ぎない？

テーマ　高齢化社会

年は数字に過ぎない？

🌸 **コラム** TR-45

　日本でも韓国でも高齢化が非常に大きな社会的イシューになっています。高齢化社会とは総人口に占める65歳以上の老年人口が増大した社会のことです。統計によれば、2010年9月15日現在、日本の65歳以上の人口は前年より46万人多い2944万人となり、総人口に占める割合は23.1％と過去最高を更新したそうです。しかし、そもそも65歳以上を高齢者とする規準自体、もはや時代遅れだと考える人も増えています。医学の進歩によって人は昔より遥かに長く、現役で働けるようになりました。もちろん人々が健康に長生きできる時代になったのは喜ぶべきことですが、若者の立場から見れば、自分たちの働く機会を奪われるという側面もあり、世代間のギャップが広がっています。私たちはいつか必ず高齢者になります。その時のために今からこの問題について真剣に考える必要があるのではないでしょうか。

高齢者 こうれいしゃ 고령자	長寿 ちょうじゅ 장수	老人ろうじんホーム 양로원
少子化 しょうしか 저출산화	平均寿命 へいきんじゅみょう 평균 수명	孫 まご 손주
年金 ねんきん 연금	生産年齢 せいさんねんれい 생산 연령	孤独死 こどくし 고독사
養う やしなう 키우다, 모시다	人口推計 じんこうすいけい 인구 추산	還暦 かんれき 환갑
死因 しいん 사인	福利厚生 ふくりこうせい 복리후생	

かいわ　TR-46

ゆうや　さっきエレベーターの中で社長と一緒になったんだけど、髪を黒く染めてて全然気付きませんでしたよ。

ミノ　社長っておいくつでしたっけ。

ゆうや　たしか今年69歳じゃなかったかと思いますけど。全然そんなふうには見えませんよね。毎日自転車で通勤されてるし、趣味はテニスだそうですよ。

ミノ　うちの父ももうすぐ60歳になるんですけど、「まだまだ若い者には負けん！」が口癖ですよ。

ゆうや　本当に元気なお年寄りが増えましたよね。電車なんかでもこっちが席をゆずってもらいたいぐらいです。

ミノ　現役でがんばってるお年寄りが増えたことはいいことですよね。彼らの経験を社会に生かせるわけですから。

ゆうや　でも、いつまでも引退しないってことは、それだけ若い人の仕事がなくなるってことでもあるんですよ。しかも、僕らが高齢者になるころにはもらえる年金の額が今よりずっと少なくなるんですって。

ミノ　韓国でも問題になってます。もともと韓国はお年寄りを尊敬して大事にする社会だったんですが、若者を中心に高齢者に対する不満が広がってます。

ゆうや　とはいえ、僕たちもいずれは高齢者になるわけだし、あんまり悪口ばかり言っていると自分たちに返ってきますよね。

フリートーキング

Talking ❶

주변에 있는 건강한 노인에 대해서 말해 보세요.

あなたの周りの元気なお年寄りについて話してみましょう。

Talking ❷

요즘 노인에 대해 불만이 있으세요?

今のお年寄りに不満がありますか。

Talking ❸

장래에 어떤 노인이 되고 싶습니까?

あなたは将来どんなお年寄りになりたいですか。

Talking ❹

'고령자는 어느 정도 나이가 되면 물러나고, 다음 세대가 일할 기회를 주어야 한다.'는 의견에 대해 찬성하세요, 반대하세요?

「高齢者はある程度の歳になったら引退して、次の世代に働く機会を与えるべきだ」という意見について賛成ですか、反対ですか。

LESSON 24

職業に貴賎なし!?

テーマ 理想の職業

職業に貴賎なし!?

🌸 コラム　TR-47

　子供の頃、大人から「大きくなったら何になりたい？」と聞かれたことがあると思います。小学生のころは「野球選手」「ケーキ屋さん」など、単純に自分の好きなものを答えますが、思春期を迎え世の中のことがわかってくると、収入や自分がなれる可能性を頭に入れて、もっと現実的な答えをするようになってきます。そして実際に就職するころには、自分の「なりたいもの」ではなく結局「なれるもの」になる道を選ぶ人がほとんどではないでしょうか。たとえば皆さんの前に座っている先生は日本語教師になりたかったのでしょうか。それとも…。家族や趣味と並んで、職業は私たちが幸せな人生を送るために慎重に選ばなくてはなりません。果たしてどんな職業につくのが幸せにつながるのでしょうか。今日は皆さんが考える理想の職業について話してみましょう。

ホワイトカラー 화이트칼라	将来性 しょうらいせい 장래성	職人 しょくにん 직인, 장인
ブルーカラー 블루칼라	夢 ゆめ 꿈	農業 のうぎょう 농업
正社員 せいしゃいん 정사원	収入 しゅうにゅう 수입	サービス業 ぎょう 서비스업
派遣社員 はけんしゃいん 파견 사원	生きがい いきがい 사는 보람	自営業 じえいぎょう 자영업
契約社員 けいやくしゃいん 계약 사원	転職 てんしょく 전직	芸能界 げいのうかい 예능계, 연예계
格差 かくさ 격차	解雇 かいこ 해고	スポーツ選手 せんしゅ 스포츠 선수
安定 あんてい 안정	適正 てきせい 적정	

🌸 かいわ TR-48

たけし	ミナちゃんは将来どんな仕事がしたいの。
ミナ	私は日本語を話すのが好きだからできれば日本語を生かせる会社で働けたらうれしいな。
たけし	ミナちゃんは日本語もペラペラだし、頭もいいからきっと問題ないよ。
ミナ	そんなことないよ。私よりすごい人いっぱいいるし。昔は同時通訳とかも憧れたんだけど、いろいろ話を聞いてみたらすごく大変そうで、私には無理かもって思っちゃって…。
たけし	そうなんだ。ねえ、子供の頃は何になりたかった？
ミナ	絵を描くのが好きだったから漫画家になりたかったんだけど、現実的には難しいよね。たけし君は？
たけし	僕はサッカー選手だったかな。考えてみると子供の頃なりたかったものになれるのって、ほんとうに限られた人たちだけなんだね。
ミナ	でも、夢を追いかけるのってすごいと思うよ。韓国にいる私の友達の中に子供の頃からずっと歌手を目指してる子がいるんだけど、すごく楽しそうだもん。
たけし	うーん、でも現実的に歌手で食べていける人って一握りなわけだし、生活も安定しないだろうし…。結局ほとんどの人は現実と妥協するしかないんだよね。
ミナ	そんなこと言われると何か悲しいな。たけし君には自分の夢を追いかけてほしいと思ってるんだけど。

フリートーキング

Talking ❶
어릴 때 되고 싶었던 것, 현재 되고 싶은 것(사회인은 현재의 직업)을 알려 주세요.

子供の頃なりたいと思っていたものと、今なりたいもの（社会人の方は今の職業）を教えてください。

Talking ❷
수입이 적지만 자신이 좋아하는 일과 고수입이지만 별로 재미없는 일 중 어느 쪽을 선택하는 것이 행복하다고 생각하세요?

収入が少ないけれど自分が好きな仕事と、高収入だけどあまり楽しくない仕事のうちどちらを選ぶのが幸せだと思いますか。

Talking ❸
여러분의 선생님은 일본어 교사 이외에 어떤 직업이 어울린다고 생각하세요?

みなさんの先生は日本語教師以外にどんな職業が向いていると思いますか。

Talking ❹
일본 초등학교의 '장래의 꿈' 베스트5를 맞춰 보세요.

日本の小学生の「将来の夢」ベスト5を下から選んで当ててみましょう。

	男子	女子
1		
2		
3		
4		
5		

ヒント

スポーツ選手	医者	学校の先生
会社員	大学教授	調理師
獣医	幼稚園の先生	パン・ケーキ屋
看護士	漫画家	歌手

* 答えは112ページ！

LESSON 25

子供は宝？それともお荷物？

テーマ　少子化問題

子供は宝？それともお荷物？

🌼 コラム　TR-49

　突然ですがみなさんには兄弟がいますか。みなさんのお父さんやお母さんは何人兄弟ですか。子供がいる人は何人いますか。いない人は将来何人ぐらい子供がほしいですか。このように考えてみると、世代によって子供の数が随分(ずいぶん)変わってきているのを実感することができると思います。日本では1950年代には一つの夫婦の間に生まれる子供の数は平均４人でしたが、1970年代には３人に、2009年には1.37人にまで減りました。これには様々な原因が考えられますが、一言で言うと「子供が自分の人生にとって負担(ふたん)」となっていることの表れ(あらわ)であることは間違いないでしょう。今日は私たちにとっても他人事(ひとごと)ではない少子化問題について話し合ってみましょう。

出生率 しゅっせいりつ 출생률	ベビーブーム 베이비붐	受験戦争 じゅけんせんそう 수험 전쟁
減少 げんしょう 감소	教育費 きょういくひ 교육비	妊娠中絶 にんしんちゅうぜつ 임신중절
晩婚化 ばんこんか 만혼화	児童手当 じどうてあて 육아 수당	子はかすがい 자식은 연결 고리
未婚率 みこんりつ 미혼률	福祉 ふくし 복지	コミュニティ 커뮤니티
社会進出 しゃかいしんしゅつ 사회 진출	高学歴 こうがくれき 고학력	移民 いみん 이민
就業率 しゅうぎょうりつ 취업률	経済発展 けいざいはってん 경제 발전	一人っ子 ひとりっこ 외동

かいわ TR-50

まみ　　たしかミノさんは妹さんと2人兄弟ですよね。

ミノ　　ええ、まみさんは？

まみ　　うちは5人兄弟なんですよ。

ミノ　　すごく多いんですね！日本では普通ですか？

まみ　　そんなことないですよ。私の世代はだいたい2人か3人兄弟が普通です。

ミノ　　へえ、じゃあまみさんの家が特別多いんですね。何だかにぎやかで楽しそうだなあ。

まみ　　子供の頃は毎日戦争でしたよ。お菓子とかも取り合いで。だから兄弟が少ない家の子がすごくうらやましかったですね。

ミノ　　僕の親の世代はすごく兄弟が多かったみたいです。当時の写真を見ると、小さな家でどうやってあんな大家族が暮らせたのか不思議なくらいです。

まみ　　韓国も最近は少子化が進んでるって聞きましたけど。

ミノ　　ええ、日本よりもひどいくらいです。韓国では子供を育てるのにいろいろお金がかかるので、子供が欲しくても現実的にむずかしい夫婦が多いんですよ。

まみ　　ミノさんは結婚したら子供は何人ぐらい欲しいですか。

ミノ　　僕が2人兄弟で育ったのでやっぱり兄弟がいたほうがいいかとは思いますけど、お金のことを考えるとなかなかねえ。

フリートーキング

Talking ❶
당신은 몇 형제입니까? 아버지와 어머니는 형제가 몇입니까?

あなたは何人兄弟ですか。あなたのお父さんやお母さんは何人兄弟ですか。

Talking ❷
형제가 없는 사람과 많은 사람을 부러워한 적이 있습니까?

兄弟がいない人や多い人をうらやましく思ったことはありますか。

Talking ❸
(아직 자식이 없는 사람에게) 장래에 자식을 갖길 원하세요? 몇 명 정도 원하세요?

（まだ子供のいない人に）将来子供がほしいですか。何人ぐらい欲しいですか。

Talking ❹
한국에서 저출산이 진행되는 원인이 무엇이라고 생각하세요?

韓国で少子化が進んでいる原因は何だと思いますか。

＊ 108ページのTalking 4 の答え

男子	女子
1 スポーツ選手	1 獣医
2 医者	2 幼稚園の先生
3 学校の先生	3 パン・ケーキ屋
4 会社員	4 看護士
5 大学教授	5 漫画家

参照_http://www.tonashiba.com/ranking/education/condition/01070002

LESSON 26

無人島で生きのびよう！

テーマ　無人島ゲーム

無人島で生きのびよう！

🌸 コラム TR-51

　このゲームは、「何もない無人島」で生活するためには何が必要か話し合うことによって、お互いの意見の違いを確認し、「人間にとって必要なものは何か」を考えることができます。みなさんがこれから暮らすのは南太平洋にある無人島で、島には海、小川（おがわ）、森、動植物（どうしょくぶつ）などのほかは何もありません。無人島で過ごさなくてはいけない期間は6ヶ月です。

> ⭐ **やり方**
> ❶ 2〜5人ほどのグループにわかれます。
> ❷ まず一人一人が、自分が持って行きたいものをメモします。
> ❸ その後で、全員で話し合って、グループで持っていくものの数を10個にしぼります。
> ❹ その後、その10個を「必要なもの」と「あったらいいもの」に分けます。
> ❺ グループで話し合った結果を発表し、他のグループの結果と比較します。

必需品 ひつじゅひん 필수품　　飲のみ水 みず 식수　　なべ 냄비
ぜいたく品 ひん 사치품　　食器 しょっき 식기　　皿 さら 접시
米 こめ 쌀　　　　　　　　薬 くすり 약　　　　トイレットペーパー 화장실 휴지
小麦 こむぎ 밀가루　　　　本 ほん 책　　　　　ボール 볼
野菜 やさい 야채　　　　　のこぎり 톱　　　　楽器 がっき 악기
種 たね 씨, 종자　　　　　かなづち 쇠망치　　望遠鏡 ぼうえんきょう 망원경

かいわ TR-52

たけし　水は必要だよね。

ミナ　　でも、6ヶ月分の水を全部持っていくことなんてできる？

たけし　だけど水がないと死んじゃうよ。

さなえ　島には川があるみたいだから、それで何とかなるんじゃないかな。

たけし　ええっ、でもきれいな川かどうかわからないよ。

ミナ　　それなら安全な水にする道具があればいいんじゃない。

たけし　あと3つか…。何か持って行きたいものはある？

さなえ　6ヶ月も無人島にいなきゃいけないんだから、なにか退屈しのぎになるような物が必要だよね。

ミナ　　それなら本はどうかな。

たけし　うーん、本より何かゲームみたいな物のほうがいいと思うけど。

さなえ　ゲームって？

たけし　まあ、たとえば将棋とか…トランプとか。

さなえ　それならボールはどう？遊び以外のことでも役に立つかもしれないよ。

ミナ　　そうだね、高いところにある果物を落としたりね。

たけし　じゃあ果物を保存できるように冷蔵庫も持っていこうよ。

さなえ　電気もない無人島になんで冷蔵庫がいるのよ。

たけし　あ、そうか…。

フリートーキング

Talking ❶

당신이 가져가고 싶은 물건은 무엇입니까?

あなたが持って行きたい物は何ですか。

Talking ❷

그룹에서 의논하여 정한 가져갈 물건 10개

グループで話し合って決めた持っていくもの10個

-
-
-
-
-

-
-
-
-
-

Talking ❸

그룹에서 어떤 의견이 나왔습니까?

グループの中でどんな意見が出ましたか。

Talking ❹

다른 그룹의 결과와 비교해서 무엇이 달랐습니까?

他のグループの結果と比べて何が違いましたか。

LESSON 27

忘れた頃にやってくる天災

テーマ 災害

忘れた頃にやってくる天災

🌸 コラム TR-53

　大雨、地震、津波、山火事…。人類の歴史は自然との戦いの歴史でもありました。そして、自然との戦いにおいては人間は常に敗者でした。多くの火山を持ち、いくつものプレートの接点にあたる日本列島は自然災害の起こりやすい環境にあります。2011年3月11日に日本を襲った東日本大震災は日本人に災害の恐ろしさを再認識させ、日本の経済にも大きな打撃を与えました。しかし、本当に深刻な問題となっているのは地震そのものの被害より、それによって起きてしまった原子力発電所の事故です。これは人間が自らの手によって引き起こした人災と呼べるのではないでしょうか。地球上で暮らしていく以上、自然災害は私たちが受け止めなくてはいけない宿命のようなものですが、それにどのように備えるかによって結果は大きく変わってきます。

地震じしん 지진	温暖化おんだんか 온난화	炊たき出だし (이재민에게 하는) 식사 제공
震度しんど 진도	山火事やまかじ 산불	天災てんさい 천재
津波つなみ 쓰나미, 해일	避難所ひなんじょ 피난소	人災じんさい 인재
竜巻たつまき 회오리바람	非常食ひじょうしょく 비상식	雪崩なだれ 눈사태
台風たいふう 태풍	救援物資きゅうえんぶっし 구원 물자	山崩やまくずれ 산사태
火山かざんの噴火ふんか 화산 분화	復興ふっこう 부흥	黄砂こうさ 황사
隕石いんせき 운석	絆きずな 굴레, 고삐	

かいわ　TR-54

ゆうや　　ミノさん、昨日の台風はすごかったですね。

ミノ　　　ええ、ゆうやさんの家は大丈夫でしたか。

ゆうや　　おかげさまで。でも大きな被害が出たところもあるみたいですね。

ミノ　　　今朝ニュースで見ました。山が崩れて家がつぶれてしまったところもあるんだそうですね。

ゆうや　　山根ニュータウンのことでしょ。あれは本当に気の毒ですね。

ミノ　　　天災だからしょうがないといえばしょうがないですけど…。

ゆうや　　いや、あれは人災だという人もいるんですよ。

ミノ　　　どういうことですか。

ゆうや　　あそこは昔から山崩れが起きやすい土地だということが言われてきたんです。それがわかっていながらニュータウンの建設許可を出した市にも責任があるというんです。

ミノ　　　へえ…。それで市では何と言ってるんですか。

ゆうや　　想定を超える大雨が降った結果起きたことだから、あれは天災であり、市には責任がないと言ってますよ。

フリートーキング

Talking ❶
자연 재해 때문에 큰일을 당한 적이 있습니까?

自然災害のせいで大変な目にあったことがありますか。

Talking ❷
무언가 재해에 대비하고 있는 일이 있습니까?

何か災害に備えてしていることがありますか。

Talking ❸
천재인지 인재인지 판단이 어려운 예로 어떤 것이 있을까요?

天災か人災か判断が難しい例としてどんなものがあると思いますか。

Talking ❹
한국은 재해가 많은 나라라고 생각하세요, 적은 나라라고 생각하세요?

韓国は災害の多い国だと思いますか、少ない国だと思いますか。

LESSON 28

親しき仲にもプライバシーあり。

テーマ 個人主義の時代

親しき仲にもプライバシーあり。

🏵 コラム　TR-55

　個人主義はもともと、国家や社会の権威に対して個人の権利と自由を尊重することを主張する考え方のことを言いますが、現代では主に自分のプライバシーに他人が干渉することを嫌がる「私的個人主義」の概念で語られることが多いです。農耕生活の歴史が長かった日本や韓国では、個人の考え方よりも共同体、つまり「みんな」との協力が重要視されてきました。目立った行動をする個人がみんなの和を乱す存在として白い目で見られる風潮が根強かったのです。しかし、近代化とともに個人の尊厳を重視する個人主義の考え方が広まり、特に集団主義にともなう面倒くささを嫌う若者に支持されました。しかし、「自分さえよければ他の人はどうでもいい」という考え方に疑問を感じる人も増えています。今日は個人主義について考えてみましょう。

ノート

プライバシー 프라이버시
個性 こせい 개성
尊重 そんちょう 존중
独立 どくりつ 독립
依存 いぞん 의존
甘え あまえ 응석, 어리광

連帯責任 れんたいせきにん 연대 책임
イデオロギー 이데올로기
利己的 りこてき 이기적
エゴイズム 에고이즘
共同体 きょうどうたい 공동체
民族 みんぞく 민족

コミュニティー 커뮤니티
村八分 むらはちぶ 동네에서 따돌림
和 わ 화목, 화해
情 じょう 정

かいわ TR-56

ミナ	たけし君、おめでとう！
たけし	え？何が？
ミナ	何がって…、昨日のサッカー見なかったの？韓日戦。日本が勝ったでしょ。あーあ、韓国もがんばってたのに、残念だな。
たけし	あ、そうなんだ。日本が勝ったんだね。ごめん、見てなかった。
ミナ	見てなかったの？信じられない！私お兄ちゃんと家ですごく一生懸命応援してたんだよ。
たけし	テレビで見たことあるけど、韓国の人の応援ってなんかすごいよね。勝ったら街中がお祭りみたいになって。
ミナ	みんなが心を一つにして応援するのって、本当に楽しいんだから。
たけし	でもさ、みんな本当にサッカーが好きで応援してるわけでもなさそうなんだけど。
ミナ	うーん、それはそうかも…。普段は全然興味なくても、オリンピックとかワールドカップになると応援するからね。スポーツを見るというよりは、国と国とのプライドをかけた勝負を見るって感じかな。
たけし	うちの大学の韓国人留学生なんか見てても、いつも集まって楽しそうだよね。
ミナ	でも、逆に色々なこと干渉されて面倒なときもあるんだよ。
たけし	あ、韓国では一人でご飯食べに行かないって本当？

Lesson 28 >> 123

フリートーキング

Talking ❶
혼자서 다음과 같은 일을 한 적이 있으세요?

あなたは一人で次のことをしたことがありますか。

食事をする　　映画を見る　　お酒を飲む

旅行をする　　遊園地・動物園へ行く　　その他

Talking ❷
다른 사람에게 간섭 받아서 싫었던 일은 어떤 것이 있나요?

他の人に干渉されて嫌だったことは何ですか。

Talking ❸
한국은 개인 프라이버시가 잘 지켜지는 사회라고 생각하세요?

韓国は個人のプライバシーがよく守られている社会だと思いますか。

Talking ❹
개인주의가 확산되면서 생기는 문제는 어떤 것이 있나요?

個人主義が広がることによって生まれる問題にはどんなものがありますか。

LESSON 29

ナウなヤングは超イケメン

テーマ 流行

ナウなヤングは超イケメン

🌸 **コラム** `TR-57`

　皆さんは流行に敏感(びんかん)ですか。それとも目まぐるしく移り変わる流行について行けないと感じていますか。とにかく流行を追いかけることは、ゴールのないマラソンを続けるようなものです。

　一般的に流行の発生と終わりには３種類の人が必要だと言われています。まず人と同じことをすることを嫌い、自分だけのスタイルを追求するAタイプ。Aタイプの人に憧(あこが)れ、自分もAタイプになりたいと思うBタイプ。そして、周りの人と同じことをすることで安心するCタイプです。まずAタイプの人がしていることを、Bタイプの人が真似(まね)をします。その数がだんだん増えると、Cタイプの人がそれをし始めます。そのころにはAタイプの人の関心はすでに他に移ってしまっています。こうして新しい流行が生まれ、消えていくのです。

 **ノート**

トレンド 트렌드	ブーム 붐	時代遅(じだいおく)れ 시대에 뒤떨어짐
流行(はや)り 유행	ファッション 패션	疎(うと)い 둔함
流行語(りゅうこうご) 유행어	ライフスタイル 라이프 스타일	先取(さきど)りする (유행을) 앞지르다
穴場(あなば) 비경, 숨겨진 곳	センス 센스	乗(の)り遅(おく)れる (유행에) 뒤떨어지다
グルメ 미식가	斬新(ざんしん) 참신	

かいわ TR-58

ゆうや ミノさん、そんなこと言ったら困(こま)りマングースですよ。

ミノ マング…何ですか？

ゆうや え、知らないんですか？ホワイトマスタードのギャグですよ。今すごく流行ってるじゃないですか。

ミノ そ、そうなんですか…。すみません。そういうの疎(うと)いもので…。

ゆうや 覚えておいたほうがいいですよ。合コンの席でも使えますから。

ミノ ゆうやさんは流行に敏感なんですね。僕はどうも苦手で。

まみ でもミノさんはファッションの流行には敏感じゃないですか。そのベルトだって今人気のドラマの主人公がしてるやつと同じですよね。

ミノ え、そうなんですか。いや、ただ気に入って買っただけなんですけど。それも2年前に。

まみ え…、流行を先取りしてるじゃないですか、素敵(すてき)！

ミノ いやあ、流行とか普段全然意識してないんですけどね。

まみ 流行に流されずに自分の好きなスタイルをしっかり持ち続けるほうが、流行のギャグでモテようとするよりずっとカッコいいと思いますけどね。

ゆうや 何ですかそれ、僕のことですか。もう、全くたまらナイトクラブ！

Lesson 29 >> 127

フリートーキング

Talking ①

당신은 유행에 민감한 편이라고 생각하세요?

あなたは流行に敏感なほうだと思いますか。

Talking ②

지금 어떤 것이 유행하고 있는지 또 이전에 유행했었는지 말해 보세요.

今どんなものが流行っているか、また以前流行っていたか話し合ってみましょう。

	今	以前（いつごろ？）
流行語		
ファッション		
食べ物		
ドラマ		
健康法		
ライフスタイル		

Talking ③

클래스 중에서 누가 가장 유행에 민감하다고 생각하세요? 그것은 어째서인가요?

クラスの中でだれが一番流行に敏感だと思いますか。それはどうしてですか。

LESSON 30

みなさんの意見を聞かせてください！

テーマ ディスカッションゲーム

みなさんの意見を聞かせてください！

いろいろなテーマについてAグループとBグループに分かれてディスカッションゲームをしてみましょう。自分の本来の意見と違うグループに入ってみるのも、新しい考え方を知ることができて楽しいです。感情的にならずに冷静に相手の意見の矛盾を突き、自分の主張を述べてみましょう。

進め方

準備段階 10〜15分

1. テーマを次のページ（131p）の中から選びます。（自分たちで新しいテーマを考えてもいいです。）
2. ２人ずつペアになってじゃんけんをします。自分の本当の意見と関係なく勝った人はAグループ、負けた人はBグループになります。
3. それぞれのグループで会議をします。会議ではまずリーダーを決め、自分たちの主張をどう述べるか考え、相手がどのようなことを言うか予想し、それに対しどう反論すればいいかを話し合います。

討論 10〜15分

1. Aグループ→Bグループの順番でまずリーダーが自分たちの考えを述べます。
2. その後、他の人たちも加わって自由に討論します。
3. 先生は両グループのディスカッションをよく聞きます。
4. 時間になったら討論の途中であっても終わりにします。

結果発表

先生がどちらのチームの方が説得力があったか発表します。

🌸 ディスカッションテーマ

	Aグループ	Bグループ
住むなら	都会がいい！	田舎がいい！
移動には	バスが便利！	電車が便利！
また生まれるなら	男性がいい！	女性がいい！
国際結婚に	賛成	反対
夏休みに行くなら	山がいい	海がいい
結婚は	早いほうがいい	遅いほうがいい
仕事をするなら	好きじゃなくても安定した仕事	不安定でも好きな仕事
海外旅行に行くなら	アジア	ヨーロッパ
どっちが便利？	カード	現金
朝ごはんには	パン	ご飯

Lesson 30 >> **131**

フリートーキング

メモ欄

テーマ：

私たちの意見：

その論拠：

予想される相手側の意見とそれに対する反論：

テーマ：

私たちの意見：

その論拠：

予想される相手側の意見とそれに対する反論：